LEADERSHIP

领导力

张婷婷　编著

吉林文史出版社
JILIN WENSHI CHUBANSHE

图书在版编目(CIP)数据

领导力 / 张婷婷编著 . — 长春 : 吉林文史出版社，2018.9(2024.10 重印)

ISBN 978-7-5472-5294-9

Ⅰ. ①领… Ⅱ. ①张… Ⅲ. ①领导学 Ⅳ. ① C933

中国版本图书馆 CIP 数据核字(2018)第 176746 号

LINGDAO LI

书　　名　领导力

编　　著　张婷婷

责任编辑　高冰若

封面设计　余　微

出版发行　吉林文史出版社

地　　址　长春市福祉大路出版集团 A 座

邮　　编　130117

网　　址　www.jlws.com.cn

印　　刷　三河市华阳宏泰纸制品有限公司

开　　本　880mm × 1230mm　1/32

印　　张　8

字　　数　180 千

版　　次　2018 年 9 月第 1 版

印　　次　2024 年 10 月第 8 次印刷

书　　号　ISBN 978-7-5472-5294-9

定　　价　35.00 元

PREFACE
前　言

所谓领导，就是领导者为实现组织的目标，运用权利向其下属施加影响力的一种行为或行为过程，领导最主要的任务就是通常意义上的“用人”“管人”，就是将一群普通员工变为百万雄师。

有人曾将把企业形象地比作一个人，企业中的高层领导犹如“大脑”，把握企业方向、构筑企业愿景、策划企业战略目标；中层领导则是“脊梁”，协助“大脑”传达指令、完成操作，也就是指挥基层，有目的的选择执行途径、优化工作流程，更好地将工作贯彻到实际中去。

所谓领导力，就是领导才能，是一种能够激发团队成员热情与想象力的能力，也是一种能够统率团队成员全力以赴去完成目标的能力。一般而言，领导力的休现涉及三个方面：将各种能力不同、心态不一的人集结到一起，引向统一的目标，通过沟通、协调与合作建立共识；对每个下属充分了解，使之各司其职又能发挥所长；通过理念的灌输，会议、目标和各种制度的设计，促使大家彼此相互配合、同心协力，抛弃本位主义。

十九世纪末二十世纪初，人们便开始对领导力有了研究。起初，研究者着重研究领导者的人格特质，提出了领导特质理论；二十世纪四十年代，研究者着重研究领导者在领导过程中的具体行为以及不同领导行为对下属所产生的影响，提出了领导行为理论；二十世纪六十年代，研究者着重研究与领导行为有关的情境因素对领导效力的潜在影响，提出了领导权变理论；后来又陆续有研究者提出了领导归因理论、交易型与转化型理论等。二十世纪八十年代，科学家托尼·布赞提出思维导图概念后，北京大学汇丰商学院领导力研究中心基于此提出了360度领导力模型。通过进一步研究，他们提出了六维领导力模型。发展到今天，关于领导力的研究是百花齐放。

那么，领导力是与生俱来的，还是后天造就的？现代管理学之父彼得·德鲁克曾说："世上的确有一些天生就具备超强领导力的人，但这样的情况只是少数，而且这些人也无法被直接称为领导者，因为每位领导者都是在经历了一定的学习过程，凝聚了深厚的领导力之后，才获得最终的成功的。"可见，领导力源于后天造就。

领导力是一门综合艺术，不仅包含了具体的管理技能和方法，也包括策划能力、执行能力、制定目标和规划的能力，同时还有激励下属、引导下属、与下属沟通的能力等，本书从这几方面出发，系统、深入浅出地阐述了如何打造卓越的领导力，是一本不可缺少的管理学读物。

CONTENTS
目　录

LEADERSHIP

第一章

其内金，其外玉，
要管人，先做人

多才之士才储八斗，博学之儒学富五车

久经历练，你一定对“商场如战场”深有体会，觉得“没有金刚钻”，还真做不了这类“瓷器活儿”；你一定目睹或亲身经历过诸如此类的情况：某个商业聚会，一位谈吐不凡的翩翩君子或窈窕女郎，被来自不同领域的人士簇拥着，毋庸置疑，他/她和别人合作的机会和成功的概率，肯定比那个被人遗忘在角落，满口市井粗话的人大。或者，你也遇到过这种情境，一个老板在和员工谈话时，意思在脑子里徘徊，嘴却跟不上溜儿，员工一语说破，老板尴尬得不知所措。

所以，你可以没有钱，但一定要有必要时可以拿得出手的学识和得体的素养。米德尔顿曾说过：“高贵的品质，一旦与不雅的举止纠缠在一起，也会令人厌倦。”热情有礼的举止犹如和煦的三月春风，往往是推你走向成功的一只隐形的手，而粗鄙的言语和不良的举止，会在你的交际路上树立起重重障碍。

哈金森的太太评论自己的先生说：“他这个人宽容大度而坦诚，对于那些地位卑下者，他从来不曾有丝毫怠慢；对那些出身显贵者，他从来不阿谀奉承。在闲暇时间，他总是和那些最普通的士兵和最穷困的劳动者在一起——他从心底里尊重他们。”

作为一个领导者，他的行为举止都可能会影响到下属，被其效仿，如果你希望自己的员工是什么样的，就要先完善自身，

这样，员工自然就会跟着你走，优秀的员工自然就组成了优秀的队伍。

本杰明·富兰克林是美利坚开国三杰之一，被美国的权威期刊《大西洋月刊》评为影响美国的100位人物第6名，当他还是一个普通工人的时候，就以自己高雅的行为改变了整个车间的工作气氛。

说到学识，必不可少的就是自身的业务水平和岗位技能。这个社会有多少机遇，就有多少挑战，领导者必须付出比其他人更多的勤奋和努力，积极进取，在自己的岗位上刻苦钻研，才能在复杂多变的环境中，和自己优秀的队伍立于不败之地。一个领导的能力素养和业务水平，是衡量一个部门的指标，只有不断提高自己的业务水平和能力，才能带领团队创造一个又一个奇迹。业务技能精湛，是做好工作的基本条件，也是适应市场竞争的需要。

“知之为知之，不知为不知”，做学问时，要有诚实的态度，对企业的领导者来说，也是一样的道理。遇到困难，解决不了，不是你的错，只要你有一种积极学习的态度，很快就能成长起来，而如果不懂装懂，才会真正让人瞧不起。

实际工作中，有些领导遇到问题，因为顾及自己的面子，喜欢不懂装懂，瞎指挥，不仅产生了不好的结果，还闹出了笑话。这样一来，在员工面前不仅没有挽回尊严，还失去了威信。而勇于承认自己的不懂，因为自己的诚实，不仅赢得了大家的信任，也体现了自己虚怀若谷的心胸。

领导力金言

> 一个领导的能力素养和业务水平，是衡量一个部门的指标，只有不断提高自己的业务水平和能力，才能带领团队创造一个又一个奇迹。

做那坛飘香十里的美酒

公元前 1046 年，牧野之战，周武王率领诸侯联军击败商军，帝辛见大势已去，便躲进鹿台，将多年来搜刮的美玉宝器堆在身边，命人放火焚烧鹿台自焚而死，商朝灭亡。

说起商朝，不得不说的就是这位帝辛，也就是妇孺皆知的“商纣王”，说起他，不得不说的还有妲己。

“名声”，其中之一，说的就是“不要让酒色误了你的事业”。

不管是一个办公室里的同事，还是应酬宴请的酒席，在处理和女同志的关系上，要把握好“度”。不“无故献殷勤”，也不“无故受殷勤”。

成功者处世，所能达到的理想功效就是“不见其人”，就有“久闻大名”的效果，如果你拥有如此非凡的声誉，从一定意义上来讲，你就拥有了自己的个人品牌。在这样一个市场经济社会中，名声更是一个领导做事的资本。

有好名声才有凝聚力，才能做到众望所归。因此，作为领导者，不能不领会“站得直，走得正”的内涵，只有顾及众人对自己的评价，只有在众人面前树立一个“站得直，走得正”的形象，才能更好地树立权威，做到取信于下属。

以“脱口秀”节目闻名的奥普拉·温芙瑞，成功地将个人品牌延伸到自己创办的杂志和有线电视节目中；汽车业巨子李·艾柯卡意识到个人品牌的力量，以个人信誉为克莱斯勒汽车的质量担保，快速铸就了克莱斯勒的品牌价值；理查德·布兰森在经营维珍公司的唱片业务取得成功后，将维珍品牌顺利延伸到了航空、服装、手机等不相关的领域。依靠品牌延伸获取竞争优势存在很大风险，然而，这几位商业领袖都做得非常成功。

每一个成功的人，都是善于维护自己品牌的人。只有把自己的品牌经营好了，你才能得到别人的承认，才会在社会中拥有一席之地，才可能彰显自己的价值。

维护自己的品牌，首先就不能使你的品牌变坏，不能使人对你做出不好的评价，比如懒惰、阴险、好斗、无情、不忠等。一旦有人对你做出类似的评价，那么别人对你的信赖程度必然会降低，虽然你事实上并不是那样的人，在关键时刻，这些评语也有可能对你造成伤害。因此你做事要谨慎一些，有时一有瑕疵，便一辈子也洗刷不清。在生活中，有一个人净挑你的毛病，这不用担心，但如果与你交往的人大多数都对你有意见，问题恐怕就很严重了。

我们必须知道好名声的积累，与财富的积累一样，同样需要时间，需要耐心，需要正当的手段。这是打造你个人品牌的关键。如果谁也不知道你干了些什么，并且不知道你干得有多好，那你付出的努力对你的个人品牌毫无益处。所以，你要让别人知道你可以把什么事情做好，让别人看到你的价值。这必将给你的个人品牌增辉。

想扬名立世的确不是一件容易的事，但是无论怎样，好的名声对我们来说是至关重要的，我们应时刻有这样的意识，那就是在我们的人际关系网络中珍惜自己的声誉，并且逐步扩大自己的知名度，当我们的美誉越传越广的时候，我们的身价自然也越来越高。

领导力金言

拥有非凡的声誉，从一定意义上来讲，就拥有了自己的个人品牌，有好名声才有凝聚力，才能做到众望所归。

抓住第一印象，打造个人品牌

当人们初次结识他人的时候，往往会想："我要给他留下美好的第一印象。"官员总是很注意烧好上任之初的"三把火"，参加应聘面试的人重视外表的修饰，参加商务宴会的人要着正装，等等，每个人都力图给别人留下良好的第一印象。

好的开始就是成功的一半，作为一名领导，必须注重修饰仪容仪表，使言行服饰适合职业身份，通过外表形象的塑造向人们展示自己独特的人格魅力、成熟的气质和非凡的领导能力。

假如你在与人初次见面时就通过装束、仪表和言行举止给对方留下良好的第一印象，绝对有助于你获得和谐的人际关系，接下来开展工作定然也会取得事半功倍的效果。

在这短暂的时间内，我们除了能够让自己做到仪表得体和态度礼貌，其他的几乎都来不及做。所以，我们一定要注意仪表，一站出去就显示出成功的样子，让吸引别人眼光。如果你看起来神清气爽，格调高雅，眉宇间透露着自信的神采，那你基本上成功了一半。

既然在人际交往中有这样一个第一印象在起作用，领导者就可以充分利用它来帮助自己完成漂亮的自我推销：首先，面带微笑，这样可以给人留下热情、善良、友好、诚挚的印象；其次，应使自己显得整洁，这样容易给人留下严谨、自爱、有修养的印象；再次，应使自己显得可敬，这必须由我们的言谈、举止、礼仪等来完成；最后，尽量发挥你的聪明才智，在对方的心中留下深刻的第一印象，这种印象会左右对方未来很长时间对你的判断。

专家研究发现，外表是第一印象形成因素中的重要组成部分。这里的外表不仅指外貌，还指衣着、神态、气质等。

这就需要你加强在谈吐、举止、修养、礼节等各方面的素质。要做到这一点，首先要注重仪表风度，一般情况下人们都愿意同衣着干净整齐、落落大方的人接触和交往。例如，比尔·盖茨在行业论坛上总是穿着牛仔裤和T恤衫，雅芳创始人钟彬娴则在任何时候都保持着“比生活妆更耀眼”的妆容。

在形成第一印象的因素中，重要性仅次于外表吸引力的就是身体语言。有研究表明，在人际交往中，身体语言所传达的信息要比有声语言传达的信息多数倍。现实中，我们大多数人是以直观迅速的方式去理解别人的肢体语言，这对于快速发现积极或消极的信号有一定作用。心理学家建议，在人际交往中假如能维持良好的眼神交流、规范的姿势，在恰当之时展现一个微笑或眼神，可以让人觉得你是个自信且可亲近的人。

人与人之间能否建立良好的关系，能否建立信任、开展合作，很大程度上就取决于初次见面时的印象，即第一印象。第一印象会给人一种直觉，判断面前的这个人是否可信。如果你不能在初次见面的关键时刻消除别人对你的怀疑和戒备心理，想继续开展工作，将很难达到理想的效果。要想给人留下难忘的第一印象，就要事前把给对方的印象设计出来，写在一张纸上，反复地看，并且问自己："我要做到哪些事情才能符合这样的一个印象？"

领导力金言

外表是第一印象的重要组成部分。仅次于外表的就是身体语言，领导者可以充分利用他们来帮助自己完成漂亮的自我推销。

责人之心责己，恕己之心恕人

春秋时期，晋国有一名叫李离的狱官，在审理一件案子时，由于听从了下属的一面之词，致使一个人冤死。真相大白后，李离准备以死赎罪，晋文公说："官有贵贱，罚有轻重，况且这件案子主要错在下面的办事人员，又不是你的罪过。"李离说："我平常没有跟下面的人说我们一起来当这个官，拿的俸禄也没有与下面的人一起分享。现在出现错误，如果将责任推到下面的办事人员身上，我又怎么做得出来。"他拒绝听从晋文公的劝说，伏剑而死。

责己，就是敢于自己承担责任。

团队出了问题，领导要问责，但首先要责问自己。如果领导一人能承担起这个责任，最好自己扛着。比如，团队遇到困难和挫折，领导无疑要出面承担起相应的责任。有这样的领导坐镇后方，员工在挫折面前才有勇气去冲锋陷阵，因为他们知道遇到困难时，即使无法解决，他们也能获得陪伴与支持。

有一位刚刚毕业的研究生，被分配到一个研究火箭的机构工作。刚好团队接了一个新的科研项目：让卫星起旋后再脱离火箭。这个项目很棘手，中国以前从未用过这种方式，外国倒是用过，但屡遭失败。

论证会上，有位老专家提出了一个可行性方案，但怎样才能满足入轨精度，还有待进一步论证。整个会场陷入了沉默，这时，坐在后排旁听的一个人说了一句："可以用计算机计算一下！"整个会议室人把目光顿时集中在了他的身上，主持会议的领导人当即问他："你来干行不行？"他说："行。"

就这样，本来只在地面干点儿"拧螺丝钉"工作的小字辈一下子挑起了大梁，一年多后，按照他编订的方案，卫星发射成功。

又过了10年，他成为令中国人扬眉吐气的"神舟"号试验飞船发射工作的副总指挥。

他就是敢于承担额外责任的中国航天科技集团副总经理张庆伟。通过自己的努力，张庆伟不但为领导乃至整个中国航天工业界解决了困扰多年的棘手问题，而且自己也获得了至高的荣誉。

当然，担责是有很大风险的。因为错误是任何人都无法回避的。从心理学的角度来讲，人们害怕错误，不是害怕错误本身，而是害怕错误带来的后果，特别是自己必须承担的后果。想要避免错误是一种普遍心理，于是，有些人在做事的时候如履薄冰，走一步看十步，选择最安全的方法；有些人在出错的时候想尽办法推卸责任，避免承担后果；有些人则信奉“多做多错，少做少错”。显然，这些人都不是领导者喜欢的员工类型。

员工免不了要犯错，对此，团队领导应该有正确的认识，不但要在工作中小心谨慎，避免出现错误；还要引导员工认识错误、改正错误、避免再犯。而且，团队领导必须进一步认识到员工在工作中的错误究竟是谁的错误。

不可否认，作为错误的主体，员工在判断、做法和努力程度上肯定有过失，但也不可忽视，他们的计划、技能、做事方法、思考方式，很多是来自领导的授意、教导、耳提面命，所以，对于员工犯错，团队领导的责任不可推卸。

这个时候，敢于为员工承担责任的领导，才是真正的“领袖”。员工的信任、依赖与服从，来自领导的态度，倘若领导不能做出承担责任的表率，员工也不会承担自己的责任。当每一层权力执行者都把责任推到自己的下一层，到了最后，一个重大责任的负责人，可能是一个最不起眼、毫无作为的平庸者，他的无能、误判造成了整个计划的失败。但是，谁都知道一个常理，一场战争的失败能够归咎于一个瘸腿的小兵吗?

责任应该从决策者、指挥者担起。所以，要想团队整体拥有责任感，领导必须首先撑起局面。具备这种觉悟的领导，在工作中会更加认真细致，最大限度地减少失误的出现。一个高明的领导会在指责下属之前先问自己，这个责任是不是我也有份？这样的领导，才是勇于承担责任的领导，才能让下属心服口服。

领导力金言

员工的信任、依赖与服从，来自领导的态度，倘若领导不能做出承担责任的表率，员工也不会承担自己的责任。

海纳百川，有容乃大

有容天地万物的气度，是优秀管理者修炼的必备素质之一。管理者的宽容主要表现是虚怀若谷、宽恕礼让、容纳异己、以德报怨。待人宽容，不仅在团队管理中受人尊敬，让部下也产生信服之感，还能使自己较为容易获得非权力影响力。胸怀宽度决定着事业的高度，有时无声的宽恕比批评指责更有说服力。

仙涯和尚在博多寺任住持时，学僧甚多，僧徒中有一名叫湛元的弟子。城里花街柳巷很多，湛元时常偷偷地爬过院墙，到红街去游乐。他太花心了，一听说哪条巷子里又来了一位如花似玉的美姬，就会去玩一次。一来二去寺内的僧众们都知道了这事，连住持仙涯和尚也知道了。有人建议他把湛元逐出山门，可仙涯只应了一声："啊，是吗？"

一个雪花飘飘的晚上，湛元拿了一个洗脸盆垫脚，又翻墙出去"游春"了。仙涯和尚知道后，就把那个洗脸盆放好，自己在放洗脸盆的地方坐禅。雪片覆满了仙涯的全身，寒气浸透了仙涯的筋骨。拂晓时分，湛元回来了，他用脚踩在原来放盆的地方，发现踩到的东西软绵绵的，跳下地来一看，原来是师父，不觉大吃一惊。

仙涯说："清晨天气很冷，快点儿去睡吧，小心着了凉。"说完站起身来，就像没事人似的回到方丈室里去了。从此以后，湛元闭门修心，连寺门也很少出。

仙涯和尚在得知弟子湛元到花街柳巷游玩后，不仅没有按寺规把他逐出师门，反而以自身的行为为参照物来对待他。一句宽容体谅的话，减少了对别人的伤害，保住了他人的面子，却能获得对方的敬仰。在师父如此宽容的胸怀感化下，弟子惭愧之后开始修身养性。

南朝宋国的开国皇帝刘裕也是因宽容而得人心得众助的。

因刘裕能雅量待下，部下们才敢直言，为之竭智尽力。根据《宋书·郑鲜之传》记载："时或言论，人皆依违之，不敢难也；鲜之难必切至，未尝宽假，要须高祖辞穷理屈，然后置之。"刘裕本是靠打杀起家，从未读过书，他的言论错了，也没有人敢纠正他。但郑鲜之对刘裕的谬论却没有放过，往往与之辩到其理屈词穷，待其认识错了才肯罢休。刘裕有时感到很狼狈，脸色都变了，但还是容忍而不发作。他曾对人说："我本无术学，言义尤浅。此时言论，诸贤多见宽容，唯郑不尔，独能尽人之意，甚以此感之。"

做人要有一颗包容之心。孔子曾说："以德报怨，何以报德？以直报怨，以德报德。"孔子主张以直道而行，是是非非，善善恶恶，对你好的，你当然对他好；对你不好的，你不记恨他就是了。

领导力金言

待人宽容，不仅在团队管理中受人尊敬，让部下产生信服之感，还能使自己较为容易获得非权力影响力。

自古驱民在信诚，一言为重百金轻

诚信对一个人、一个企业都是一笔无形的财富，是一笔巨大的无形资本，无论是个人还是团队坚持走正直诚实的道路，必定会实现良好的愿景。相反，如果缺失诚信，事业就缺少了发展的基础。王永庆先生说过："做生意和做人的第一要素就是诚实，诚实就像是树木的根，如果没有根，树就别想再有生命了。"

管理者只有做到诚实可信，才会被下属信任，产生卓有成效的领导力。诚信的品格甚至比能力更重要。管理者能力再强，若失去了诚信的品质，也很难有大的成就。

早在五百多年前，有一个名叫支巴那的英国人，他是一个海上贸易商人。为了避开激烈的海上贸易竞争，他决定带领几名船员出航，试图从英国往北开辟一条新的到达亚洲的航行路线。一天晚上，他们到了北极圈内一个不知名的岛屿上，突然狂风大作，他们不得不停下。可是就在第二天早上却突然发现自己的船航行在海面的浮冰里，这时他们才意识到被冰封的危险迫在眉睫。经过艰苦的努力也没能摆脱困境，最终他们不得不放弃返航的努力，把船停泊在岛屿旁边。

随后，他们面对的是恶劣的天气，北极圈一年只有几个月暖和的天气，冬季漫长而寒冷，冰冷刺骨的寒风异常凶猛、肆虐。没有人类生存的岛上覆盖着几米厚的积雪，这些雪被零下 40℃～50℃的严寒冻结得像花岗岩一样坚硬。再加上北极圈内经常降暴风雪，无论如何他们暂时是无法走出北极圈了，支巴那和船员们只有在这荒芜的岛上度过这个冬季。

有船员提议不如用船上的衣物与食品来维持生命，船长支巴那坚决反对，于是他让船员们拆掉除装载货物的其他船只，靠这些燃料来抵抗严寒，靠打猎来获得生存的衣服和食物，就这样他们期待着冰雪消融的一天。在这样恶劣的险境中，多数船员死去了。船长支巴那和他的水手们却做了一件令人难以想象的事情，他们丝毫未动别人委托给他们的货物。

漫长的几个月后，幸存的支巴那船长和几名船员把货物几乎完好无损地带回英国，送到委托人手中。支巴那船长和船员们的做法震动了整个欧洲，欧洲其他国家也被支巴那如此诚信的做法打动了，纷纷要求与其合作。

支巴那船长和他的水手们不惜用生命为代价，坚持诚信的信念，对于整个英国的海上贸易起到了巨大的推动作用，以至于到后来英国的贸易几乎延伸到地球的每一个角落，英国成为整个世界的经济中心和最富庶的地区。他的事例充分说明了诚信比生命还重要。

诚信虽然并不是看得见的实物，但它永远如同传感器一样被员工、客户及合作伙伴敏锐地感知。当诚信成为一个人的标志时，这个人不仅具有强大的号召力，还会赢得客户及合作伙伴的高度信赖。

正如著名翻译家傅雷说的：“ 个人只要真诚，总能打动别人的心，即使人家一时不了解，日后便会了解的。”领导者如果能够以诚待人、以诚做事，一定会得到越来越多的支持和帮助，事业一定会开创出一个崭新的局面。

领导力金言

> 当诚信成为一个人的标志时，这个人不仅具有强大的号召力，还会赢得客户及合作伙伴的高度信赖。

急则有失，怒则无智

事物是复杂的，任何领导者总是不断地陷入客观与主观、理性与情绪的旋涡之中。领导者的责任是力求缩减情绪面，扩大理性面。为了达到这一目的，领导者就需要加大长远的智力投资，如普及哲学知识、心理学知识，提高自身的科学文化水平等。

司马光是个有学问有涵养的人。一次，范稹和司马光都想奏请皇帝颁布东律尺度的法令，两人反复讨论，书信往返数万言。他们从前都曾在秘书阁任职，在东律方面有不同见解，于是两人常常就用下棋来决定胜负，但司马光一直没有取胜过。过了二十年，司马光在京，范稹来看他，别的书都没带，只带了从前讨论过的八篇东律。他们争论了好几天都没有结果，决定以投壶来决胜负。这次范稹输了。司马光高兴地说："大东还魂了！"他们二位讨论东律为什么以[illegible]棋、投壶这些游戏来决定胜负呢？是为了平息自以为是的傲气。这种傲气很难平息，只有虚心才能讲清道理。如果争论激烈，用词尖锐，只能加深双方之间的矛盾。

松下幸之助认为，任何一个领导者，他总希望自己是理性的人，至少较多的是理性人，而不希望受到太多的情绪人的影响。

现代领导者参加的社交活动越多，对全局的整体了解越透彻，也越能排除情绪的影响。由于人与人之间长期的共同生活，很容易受到情绪的影响，彼此之间的憎恶、自私、非理性行为就容易暴露。为了消除组织内部情绪的影响，一个机构常常需要聘请外界的顾问来加以裁决。人们常说的“不识庐山真面目”，也就是这个道理。

古人云：“怒不可以兴师。”一个聪明的领导者，应该努力做到宠辱不惊，喜怒不形于色，增加决策的理性成分，尽量减少感情和情绪因素对工作的影响。每个人都会知道自己的心情如何，精明的领导更要懂得自己感到情绪不佳的时候决不采取任何行动，而要等到能够对自己面临的难题付之一笑时，才采取行动。愤怒时不采取任何行动，“三思方举步”，这是容易发怒者避免失误的妙法。一个高明的领导应做到使自己尽量少怨，尽可能不怒。

领导力金言

领导者应该努力做到宠辱不惊，喜怒不形于色，增加决策的理性成分，尽量减少感情和情绪因素对工作的影响。

LEADERSHIP

第二章

先思而后行，发挥正确决策的力量

决策是管理的心脏

决策是企业做任何事情的第一步，即先要决定做什么，然后才是怎么做的问题。决策是企业最费神，同时也是最具风险性的核心管理工作。实际上，企业里出现的许多问题，如果仔细追究，大多是源头决策的问题。

企业高层的决策要具有战略性。从时空上看，高层领导者不仅要对当前的大事进行决策，而且要对企业乃至行业的长远发展做出决策。从涉及的范围来看，领导者的决策，大则涉及国家的发展和稳定，小则涉及一个地区、部门、单位的重大且广泛的问题。从影响作用来看，决策成功是最大的成功，决策失误是最大的失误。而在企业中，对市场的充分估计制定正确的决策，抓准时机，可以让一个企业迅速占领市场地位。

管理大师彼得·德鲁克曾说过这样一句名言——“做对的事情甚于把事情做对”。怎样去做对的事情？你首先要有正确的思维能力。在决策由传统的经验决策发展到现代的科学决策阶段之后，领导者的理性思维能力对决策质量有着重要影响。

现代决策技术就是运用一系列科学理论、方法和手段，对决策对象进行定性、定量分析，这就是通常我们说的思维技能表现的三个方面，即：拟订计划、制定决策、解决问题。

古人讲：“凡事预则立，不预则废。”管理工作的第一步就是拟订计划。只有预先做好了安排，有了准备，有了计划，才能把事情办好。明确了奋斗目标，有了具体的工作、活动程序，也就有了监督检查的依据，这样可以增强自觉性，减少盲目性，从而可以合理地安排人力、物力、财力、时间，使工作、活动有条不紊地进行，否则是办不好事情的。因此制订出切实可行的计划，是建立正常的工作秩序，提高工作效率必不可少的程序和措施，从而推动工作顺利进行。

管理人员应该明白一个常理：管理决策活动绝不是偶然地、孤立地为了解决某个问题而进行的一项活动。管理决策也不只是限于从几个可供选择的方案中选定一个最优方案的简单行动，更不能误认为只有选定最佳方案才是管理决策。管理决策是一个复杂的全过程，并且贯穿于管理活动的各个阶段、每个环节，哪怕只是细微环节。

在我们决策之前先要弄清楚问题的性质。作为管理者，制定决策和领导执行是我们的职责。决策的重要前提就是分析问题。不去追究问题的根源，不仅影响到问题的决策，还将耗费大量的时间和金钱。

没有不存在问题的组织，同样没有不需要做出决策的管理者。发现问题，分析问题，做出决策，解决问题，是一个固定的流程。然而，如何高效而正确地完成流程的每一个环节，却并不是容易做到的事情。

如果把一个企业比作一个人，高层管理者就是大脑，要思考企业的方向和战略，确定公司经营的大政方针、发展方向和规划，掌握政策，制定公司规章制度以及进行重要的人事组织及其创新等。科学分析问题与正确决策的能力，能够帮助管理者全方位地提高日常管理效率。计划和执行的过程中有许多变量，这就要求我们慎重地进行决策。错误决策的后果是导致失败，正确的决策则是奠定成功的基础。

领导力金言

决策的重要前提就是分析问题。不去追究问题的根源，不仅影响到问题的决策，而且还将耗费大量的时间和金钱。

“谈”出泡影，“闯”出市场

决策绝不是孤立存在的，是用来执行的。管理决策方案不具备可操作性，不适合自身的特点则会导致效率低下、风险过大或不可控，这些都是常见的“纸上谈兵”现象。

有一个著名企业家曾经说过这样一句话：企业要想成功，领导必须日日夜夜一眼不眨地盯住市场——市场需要什么，我就生产什么。但有的企业领导却不是这样，他们所做的决策都是在自己“天才”的头脑里凭空产生的，而不是根据市场需要来制定的。这样的决策，结果可想而知。

南方某电视机厂准备向泰国出口家用电视机。起初，该厂根据我国人民的传统喜好，在专供出口的家用电视机上使用红色，以增加喜庆气氛，从而有助于销售，谁知产品在泰国销路不畅，迟迟找不到大客户——当地居民认为只有旧火车才用红色，在烈日炎炎的夏天，电视机摆在家里就像一团熊熊燃烧的火焰，使人觉得酷热而烦躁；红色象征着血，红色电视机给人血淋淋的感觉，令人望而生畏。

后来，该厂改用银灰色，还是打不开市场。原来，泰国人崇尚佛教，死人时常焚烧锡箔以超度亡灵，他们认为银灰色像锡箔纸，这种颜色的电视机放在家中会招来灾难和鬼魂，不吉利。

那么，究竟什么颜色适合泰国人的喜好呢？同行的另一家电视机厂的做法则要高明得多。一方面，他们组织美术设计人员去泰国逛公园，想从大自然中寻找答案；另一方面，派人与泰国的一家咨询公司联系，组织人员搞民俗调查，发现泰国人喜爱蓝色。于是，该厂投其所好，经过不断摸索，将电视机颜色从深蓝色改为孔雀蓝，最终赢得泰国人的喜爱，这种电视机终于在泰国畅销开来。

第一家电视机厂积压了大量银灰色、红色电视机，不得不运回国内销售。而当时的国内电视机市场又进入“白热化”争夺状态，长虹、海信、TCL 等王牌国产电视向大屏幕、高清晰度发展，价格也一杀再杀。这家电视机厂只有将那些落伍的、价格偏高的电视机低价处理，亏损了近百万元。

市场不是“谈”出来的，而是“闯”出来的，在商战中，决策者只有正视环境，适应环境，具体问题具体分析，才能立于不败之地，因为竞争的本质是创新，是“物竞天择，适者生存”。旧时代里形成的旧法、旧规、旧制已不能解释和指导组织行为，大量老经验、老框框、老套套早已失去了价值。

非常规性事件、偶发性事件层出不穷，新情况、新问题、新思想势如泉涌。在成百上千条的原理、原则中，我们很难断定哪些放之四海而皆准。在发达国家被淘汰的或许在发展中国家刚刚显现出生命力，在不同的产业部门、不同技术装备水平、不同的领导与职工的能力、知识、素质等变量的制约下，同样的原理可能会产生截然相反的后果来。因而，凡事只空谈理论，不注意因势、因时、因地灵活决策，必然会做出眼高手低的决策来。

很多企业会经常谈战略，在企业的文化墙上经常可以见到制作精美的“愿景”“使命”“目标”，但是当问及这些愿景、使命、目标如何实现时谁也不知，或者不同人给出了不同的答案，甚至有的方案如同天方夜谭，跟自身资源禀赋、外部环境、行业趋势大相径庭。理论不与实际结合，只凭决策者的主观意志想当然地做决策。这样的决策在理论上完美无缺，一旦放到现实中却错漏百出，不堪一用。

领导力金言

纸上谈兵最大的缺陷就是理论不与实际结合；凡事只空谈理论，不注意因势、因时、因地灵活决策，必然做出眼高手低的决策来。

目标是引领企业准确前行的导航

“每个人都不会做他们不相信的事。”太平洋研究所创始人路易斯说。他认为，与仅仅将企业的使命方向、关键目标和信念写在纸上或发表一番空谈相比，确定方向要做出更多的努力。心理学家也对企业管理者有过同样的忠告：员工都在下意识地朝他们所期望的方向前进。

目标不明确，就如同一艘船航行在错误的航线上，要么始终不能到达终点；要么费尽千辛万苦、走很多冤枉路才能到达终点。所以，企业领导者必须清楚：在做一件事情之前，一定要制定明确的目标，这样才能少做无用功，尽快实现目标。

对企业领导者来说，能把自己的意图用通俗易懂的语言表达出来，准确地传达给员工至关重要。当每一位员工的行动有明确的方向，并且把自己的行动与企业的目标不断加以对照，清楚地知道自己行进的速度和不断缩小达到目标的距离时，他们的行为动机就会得到维持和加强，就会自觉地克服一切困难，努力实现企业目标。

盛田昭夫是索尼公司的创始人。他认为，企业领导者必须在各个阶段选准目标，才不会做无用功。他曾说："企业领导者必须不断给员工制定目标，这是作为领导者的首要任务。制定的目标必须具备三重属性，即科学性、实用性、超前性，这样才能超越对手，走在市场的前面。"

盛田昭夫在国际上的盛誉与索尼公司相得益彰，他是日本声望极高的企业领导人之一。在学生时代，盛田昭夫就知道有一个名牌电子厂商，在一所学校里建立了规模庞大的实验室，并采用了最先进的设备，提供给科学家安逸、舒适的工作环境，满心指望他们做出令人震惊的成就。结果很令人失望，科学家连一项发明都没有研究出来。

盛田昭夫创立了索尼公司之后，他慢慢发现，在产业界，除了理论背景和前瞻性的研究发展之外，最重要的是树立一个集中全力追求的伟大目标。

索尼公司在盛田昭夫的管理下，巧妙地将基础科学和应用科学紧密、有机地结合在一起，共同为实际开发服务。例如，井深大决定造一部录音机时，公司研究开发人员对录音带的制造、录音机的结构一无所知，甚至都没有见过录音机，听起来简直有些“荒唐”。

但最后，索尼公司的研究开发人员硬是研制出来了。他们把基础物理、基础化学这些基础科学和应用物理、应用化学这些具体知识糅合在一起，由基础研究转变成应用研究，从每一个部件着手，潜心研究，细致开发，最终取得了成功。

因为从来没有接触过，这些研究看起来好像无从下手，甚至显得盲目，但这项研究和那些盲目的研究有一个本质区别，那就是后者毫无目标，前者则是目标明确。

盛田昭夫在开发家用录放像机时也是如此，他先是为研发人员寻找目标，然后再引导他们进行开发。

当美国的电视台开始使用录像机录制节目时，索尼公司就看好这项新产品，认为它完全有希望打入家庭市场，只要从内部结构和外观设计上加以改良，就会受到千家万户的欢迎。一个新目标被确立后，开发人员就有了努力的方向。他们首先研究现有的美国产品，通过研究开发来改进具体的主攻方向。新的试验样机一台接一台地被造出来，一台比一台更轻盈、小巧，离预期目标也越来越近。当然，井深大总是觉得没有做到位。最后，井深大将一本厚厚的书放到桌面上，对开发人员说，这就是卡式录像带的尺寸与厚度，但录制时间应该维持在一小时以上。

在盛田昭夫的领导下，制定的目标已经非常具体了。开发人员再一次运用已掌握的基础知识，结合应用科学，调动自己的聪明才智，进一步开发自己的创造力，最终成功研制出划时代的 Betamax 录放像机。

明确企业的目标对于企业的意义，就像给两个急切需要准确时间的人一块校准的手表一样，可以说，这是企业发展过程中必须遵循的一个原则。企业在具体的管理过程中，无论怎样强调这个原则的重要性都不为过。

领导力金言

目标不明确，就如同一艘船航行在错误的航线上，在做一件事情之前，一定要制定明确的目标，少做无用功。

决策生根发芽，需要当机立断

再好的决策也经不起拖延。在做出一项正确的决策之前，速度是关键。即使是一项好的决策，如果不能在公司中迅速达成共识，就等同于虚有。普希尔认为，凡是某些行业内的领跑者，都具有迅速做出一项正确决策的能力；思虑太多，会迟迟做不出决策；任何一项正确的决策，都是现在做出来的。

王安博士是华裔电脑名人，在他5岁时，曾有一件事影响了他的一生。

一天，他外出玩耍，经过一棵大树时，突然有一个鸟巢掉到他头上，从里面滚出了一只嗷嗷待哺的小麻雀。小孩大多是善良的，他决定把它带回去喂养，便连同鸟巢带回了家。

走到家门口，他忽然想起了妈妈不允许他在家里养小动物。于是他轻轻地把小麻雀放在门口，急忙进去请求妈妈，在他的哀求下妈妈破例答应了儿子。王安兴奋地跑到门口，不料小麻雀不见了，一只黑猫正在意犹未尽地舔着嘴巴。

王安为此伤心了很久。

从此，他记住了一个很大的教训：只要是自己认定的事情，绝不可优柔寡断。犹豫不决固然可以免去做错事的机会，但也失去了成功的机遇。

正因为此，王安在人生的道路上成就了一番大事业，成为华裔电脑界的名人……

这只是一件小事，但对于一个企业来讲，领导人的一次迟疑可能会延误决策时机，从而给企业造成巨大的损失。行动的天敌就是拖延，制止拖延的最好方法就是马上付诸行动。犹太人占全球的1%，但全球70%的财富却在他们手中，因为他们是行动的主人。犹太人做任何事都尽最大的努力，从来不把今天的事留到明天。从不拖延，今日事今日毕。同时，作为领导者的你，做事要坚决果断，这是领导者最重要的内在素质。

这要求每一个领导者在作决策的时候做到：

1. 决策要果断

《论语·子路》里有句话："言必信，行必果。"意思是说话一定要守信用，做事一定要果断。做每件事的时候必须说到做到，果断行事。

果断要求一个人具有善辨的能力，并能迅速估算情况，然后适时做出决定。诚然，果断要求的是速度，但绝不是武断，武断的人往往懒于思考而轻易做出决定。他们虽然也能快速做出决定，但往往欠缺周全的考虑，因此，他们做出的决定往往是主观的。

2. 在抓住机会的同时，也要迅速行动

要成功，除了要抓住机会外，还要行动迅速。在机遇面前，千万不可犹豫，只有抓住机会，将构想赋予行动才会有意义，才可以领先对手，取得成功。

在2003年年底，TCL收购法国阿尔卡特的手机业务，率先吹响了“全球规模”的中国企业国际化号角。2004年年底联想又一举吞并了美国IBM公司的全球PC业务，进一步掀起了中国企业“全球规模”国际化高潮。我们把这三个问题拼图拼起来，就看清了事情的全貌：国际化包括渐进式的“自我扩张型”国际化，也有跳跃式的“局部规模”购并国际化和飞鸟凌云式的“全球规模”购并国际化。

当今世界，机遇是随处可见的，这一点，无论是对于个人还是企业都一样。但是，机遇之所以为机遇，还因为它是极少见的、转瞬即逝的，因此，如果你是一个领导者，你必须具备果断的品质。只有当机立断，抢先一步，勇敢去行动，才可能为企业赢取先机，获得市场；如果一味犹豫不决，瞻前顾后，思前想后，等下定决心的时候就只能看别人的成功了。

领导力金言

凡是某些行业内的领跑者，都具有迅速做出一项正确决策的能力，一味犹豫不决，等下定决心的时候就只能看别人的成功了。

有效决策需要不同意见

任何方案都是需要论证的，所谓的论证就是在不断地搜集信息的基础上，对方案提出质疑并进行完善的过程。所以，民主决策的实质是充分调动与会人员的积极性，让他们充分发表意见，特别是反面意见。

而在决策会议上是否会有反对及不同意见的出现，尤其是一些低级职位的人敢不敢发表自己的看法，则和企业的文化氛围有关。很多企业把倾听员工意见当作一种企业文化的内涵。在日本，大多数企业在谈到合作或意见一致时，通常意味着消灭个性。索尼公司则欢迎员工把意见公开讲出来。因为提出反对意见的人往往是出于对公司的责任心，而且不同意见可以使人从更多的侧面考虑问题，它可能引导出水平更高的好主意。

当盛田昭夫是副总经理的时候，曾和田岛道治发生过一次冲突。昭夫的一些意见激怒了田岛，最后他再也忍不住了，他说："盛田君，你我意见不同，我不愿待在你这样的公司里。"

昭夫的回答非常大胆："阁下，如果在一切问题上你我意见都完全一致，那就没有必要让我们两个人都在这个公司拿薪水了。假如那样，不是你就是我应当辞职。请考虑我的意见，不要对我发火。如果因为我有不同意见，你就打算辞职，那说明你对我们的公司不够忠诚。"

田岛一听昭夫这番话最初吃了一惊，经过考虑，最后他决定继续待在公司里。

要让员工能够在上司面前自由地发表自己的意见和看法，这一点非常重要。

在IBM的种种措施中，良好的沟通机制是独具特色的。因为IBM公司深深懂得，只有良好的沟通，才能确保员工对公司的认同感和忠诚，使员工感受到自己是公司的一员，而不只是依令行事的雇工，这样才能发挥员工的积极性和自主意识。

对于下级而言，IBM公司鼓励员工及时向上级，甚至向公司总裁陈述。这样，在公司内就形成了良好的民主气氛，不仅解决了具体问题，而且增进了团结。公司还设立了意见箱，拓宽沟通渠道。员工对工作有意见和建议，可以通过意见箱与各部门主管直接联系。意见箱由专人负责，对于切实可行的建议，对提建议者予以重奖。

为了防止和避免决策失误，管理者要有海纳百川的心胸，擅于在评估和分析过程中听取及反对不同的意见，并认真对待，根据这些建设性意见对方案进行再次优化，哪怕是完全推倒既定的方案，只有这样，所做出的决策才是最好的决策。

领导力金言

提出反对意见的人往往是出于对公司的责任心，而且不同意见可以使人从更多的侧面考虑问题，它可能引导出水平更高的好主意。

用战略性的眼光，做全局性的规划

战略，指重大的带有全局性或决定性的谋略。战略观念的核心问题就是如何处理长远利益和眼前利益、局部利益和全局利益的关系问题。正确的战略观念来自实践，事物是不断发展的，所以战略观念离不开发展。

人们常说，一个人要想成功，必须有自己的人生战略。这句话同样适用于企业，领导者在为企业做出战略性规划时，一定要有长远的眼光，正所谓“真正的赢家必定是笑到最后的”。

胡先生是深圳一家小公司的总经理。金融危机期间，他的小公司不但没有倒闭，业务量反而骤升。这一点，让很多同行产生了很多疑问。

一次和朋友聚会时，席间一个同行经销商谈到他们的业务主要在深圳和珠江三角洲一带，金融危机对他们企业的影响很大。

“您的企业如何？”

胡先生说：“受到美国金融风暴影响海外订单确实减少，不过因为内地客户受金融风暴影响小，反而通过网站为企业带来了稳定的订单。”

这位经销商豁然开朗，要求看看胡先生的网站是个什么样子。由于胡先生的公司是生产连接件产品，该产品比较细小，他们便在网站策划时特别增加了产品放大镜功能，以便帮助访问者更加详细地了解产品的细节，恰当的推广方法为胡先生的公司带来了理想的业务量。

在人人自危的金融危机期间，胡先生的小公司为什么能岿然不动？这得益于他利用企业网站和网络营销手段，避免遭到金融风暴影响。可以说，胡先生就是一个懂得在大形势下总揽全局的人，可以说，他的做法值得其他企业借鉴和学习。

可见，作为企业的领导者，我们只有用战略眼光看问题，树立战略观念，才能对社会经济的发展起到积极推动的作用。

企业领导者要提高战略思维能力，树立全局观，应抓住以下几个问题。

1. 注重理论武装，以丰富的理论修养与知识素养做支撑

我们很难想象一个没有理论思维的领导者如何总揽和驾驭全局，而提高理论思维能力的根本途径就是学习，要通过学习强化知识。

2. 注重信息扩展，开阔想问题、作决策的眼界和空间

在当今知识、信息大爆炸的时代，信息已成为最重要的战略资源，它可以被提炼成知识和智慧，因而在战略问题的研究中越来越凸显作用。企业领导者要对事关全局的重大问题进行战略思维，必须以了解和掌握大量的信息为前提，这样方可开阔眼界，启发思路，做出具有远见卓识的行动决策。

事实证明，一个领导了解、掌握的信息量越大，知识面越广，思辨鉴别能力就越强，工作就越来越得心应手、应对自如，从而真正做到讲政治、谋大局、抓大事。

3. 强化全局观念，培养凡事谋全局的思维习惯

树立全局观必须一事当前想着全局，思考问题、筹划工作，应依据全局的方针、政策、原则指导局部，切实吃透上头的，摸清下头

的，形成自己的，创造性地抓好落实。坚持局部服从全局，在培养凡事谋全局思维习惯的同时，要注重谋略的锻炼。

4. 强化求真务实，在实践中确立全局观

“没有调查研究就没有发言权”“没有调查研究就没有决策权”这两句话，充分说明了一个领导者如果不知道、不重视实践就会在战略上丧失政治主动权。鉴于此，领导者必须通过各种途径和手段力争了解和掌握多方面的信息。

企业的领导者，无疑是企业的带头人，企业领导者的素质如何，如何看待市场运营、销售等各方面的问题，都关系到企业的生死存亡。我们不难发现，一家企业，无论成败，都和领导者是否能纵观全局有一定的关系。

领导力金言

领导者要用战略眼光看问题，树立战略观念，并且一定要有长远的眼光。

LEADERSHIP

第三章

注重细节问题，打好企业根基

千人同心，则得千人之力

众所周知，希尔顿酒店在世界各地共拥有3000余家酒店，公司规模在美国酒店业名列榜首。公司的创办人康拉德·希尔顿实现了他在全球建立“希尔顿酒店业王国”的梦想，并被誉为“酒店业大王”。

希尔顿在管理公司的过程中始终坚持一个重要的原则，即培养团队合作精神。这一伟大的管理原则是希尔顿在当兵时学到的，在军队中，尤其是战场上，每个人的生命都要靠许多同时执行任务的忠诚战友来相互保全，没有这种忠诚合作的精神，也就是“团队精神”，一个人要想在战场上完完全全地生存下来是相当困难的，同时，这支团队也不会有丝毫战斗力。

商场如战场，商场中激烈的竞争使得企业管理者和其团队不能掉以轻心，稍有不慎，便会被市场所淘汰。希尔顿深知这一点，他认为单靠个人的力量是不能把酒店管理好的，只有团队上下一致，相互协作，才能形成一个强有力的集体，也才能有强大的竞争力，才能在竞争中立于不败之地。

那么，希尔顿在创业初期是如何培养员工的“团队合作精神”的？他曾召集20多位店员对他们说：“你们是唯一用笑脸替人服务的人。”“房间干干净净，大厅一尘不染，肥皂毛巾供应及时，这三件事一定要做到。酒店的名誉掌握在你们手中。如果全镇都认为我们的确是在为顾客服务，你们的工作就可以永保安定，加薪、获得奖金就都不成问题。”

希尔顿明白，单靠薪水是不能激发员工的工作热情的。要想激发员工的工作热情，就必须把员工看作酒店主人中的一员，使员工具有一种主人翁意识。希尔顿希望员工知道，只有他们，才能为酒店赢得好名声。他要求员工要像管理自己的酒店一样去工作。希尔顿鼓励所有员工对希尔顿酒店业进行投资，真正成为希尔顿酒店的主人，这样他们就能像对待自己的事业那样关心酒店的管理、收益、信誉及酒店形象，从而增强“团队精神”。希尔顿曾说：“我的确希望我所有的饭店员工都富裕，都能以店为家，尽心工作。最有效的方法便是鼓励各部门经理以及所有员工向本店投资。饭店成败与员工个人利益联系在一起，那样谁都会干得更好。”

希尔顿十分推崇自己所提倡的“团队合作精神”并身体力行，他曾这样说道：“我可能是当代最幸运的人，那时我就这样想，现在更是这样想。我相信‘人在福中’这一论断。我的福来自我周围的人们。我的福在我与人们相互交往中产生。天时、地利、人和，再加上我能吸收新观念，这一切都为我带来了‘福’，我相信伙伴对一个人的价值是无法估量的，我希望一生中能与同伴们相处得愉快，合作无间。因为，我的福来自他们。”

在美国经济萧条，旅馆业不景气的时期，康拉德·希尔顿仍然鼓舞并要求他的员工即便在伙食质量下降时也要对顾客保持微笑。正是这种可贵的团队精神，使得希尔顿的员工对未来充满信心，也使得希尔顿有了巨大的发展力量。

如果企业管理者能够注重培养团队成员的团队合作精神，提高团队的荣誉感，增强员工的满意度，即使在最困难的时候，也鼓舞他们的士气，使员工对未来充满信心，他就能牢牢地将员工团结在一起，并使他们产生巨大的精神力量，使企业迅速壮大，成为行业的领先者。

领导力金言

没有“团队精神”，一个人要想在战场上完完全全地生存下来是相当困难的，同时，这支团队也不会有丝毫战斗力。

猜忌，吞噬团队的蛀虫

对一个团队来说，建立信任是非常重要的。所谓信任，就是坚定地将心托付，无论发生什么事，凭着对一个人的了解，都有理由去相信一个人的所作所为，不会因为流言蜚语，费心思去求证真伪。

信任是一种有生命的感觉，也是一种高尚的情感，更是一种连接人与人之间的纽带。在社会生活中，你有责任、有义务去信任另一个人，除非你证实了那个人不值得信任；你也有权受到另一个人的信任，除非你已被证实自己不值得信任。

兄弟三人来到一家饭馆，他们各自点了一份蛋炒饭。当服务生把蛋炒饭端上桌时，兄弟三人发现自己都没有带钱。

老大说：“我是大哥，取钱的事不该由我来做。”

老二说：“我认为派小弟去取钱是最合适的，老大你说呢？”老大表示同意。

老三说：“我可以去取钱，但是你们谁也不能动我的饭！不然我就不去了！”

老大、老二连声答应，并且保证绝对不会吃他的蛋炒饭。

于是，老三走了，老大、老二很快就把各自的蛋炒饭吃完了，但是意犹未尽，还想再吃。他们看着老三的蛋炒饭，垂涎欲滴，但是因为对老三做了承诺，还是强忍着不去吃。等了好久，老三还没有回来。于是老大和老二就商量：“我们还是把老三的蛋炒饭吃了吧！”正当他们准备吃的时候，老三从门外跳进来：“哼！我就知道你们会吃我的蛋炒饭！所以我一直躲在门外防着你们。果然，你们要吃我的蛋炒饭！幸亏我没有相信你们，要不然又要吃大亏了！”

看完这个故事，你可能会觉得很好笑，但如果我们把兄弟三人看成一个团队，那么显然这个团队信任出现了很大的问题。首先，老大和老二没有信守自己许下的承诺；其次，老三出于某种原因对两位哥哥也不信任，一直没有去取钱。现实生活中，如果我们的团队也出现这样的问题，那是很可怕的，完全失去了合作的基础。

人与人之间需要信任，团队各成员之间更需要信任，避免猜忌。猜忌是团队蛀虫，是一种负能量，相互之间一旦猜忌起来，这股不正之风就会蔓延开来，影响到团队的安定、团结和发展。事实证明，团队中成员互相猜忌、互不信任，很容易相互打压或倾轧。不过，我们这里重点讲老板对下属的信任，即作为老板不要随便对自己的下属进行猜忌，这会影响你的用人决策。

信任有化腐朽为神奇的力量，能够把大家凝聚起来，产生远胜于个人的能量，创造不可思议的团队绩效。上司信任下属，是团队生存与发展的基础，一个团队上司如果不信任自己的下属，尤其是在做重大决策时，涉及某些利益关系，对执行这件事情的人胡乱猜忌，所进行的事情就很难开展、执行，所谓的团队合作也只是一厢情愿、一句空谈而已。

明末的崇祯皇帝生性多疑，正是因为对下属不信任，听信谗言，才导致明王朝覆灭。明代著名将领袁崇焕，文武双全，用兵有方，屡破清兵侵边，努尔哈赤在他的炮火之下曾受重创。崇祯未称帝前就知袁崇焕战功卓著，才能杰出；称帝后便下诏任袁崇焕为兵部尚书，并且赐袁崇焕尚方宝剑，委以重兵，镇守边关。但是，崇祯用人猜忌重重，派人暗中监视袁崇焕。当后金统帅皇太极率兵取道蒙古，向北京方向扑来时，袁崇焕急督师回援，想先敌于北京城下，保护京师，并亲自率军抵达广渠门。

崇祯却疑忌袁崇焕反叛，不让其率军入城休息。袁崇焕只得身先士卒与来犯之敌展开激烈战斗。正在这时，朝中嫉贤妒能之人散布流言：有的诬告袁崇焕拥兵纵敌，有的诬告袁崇焕引敌胁和。崇祯在疑忌中听信了流言与密告，将袁崇焕逮捕入狱。阉党余孽也趁机起哄，诬害袁崇焕。崇祯不问是非，将袁崇焕以谋叛罪处死，这实是自毁长城。无怪乎后人在总结明朝灭亡原因时说：自从袁崇焕死后，边境的战乱就没有停息过，再也没有杰出的人才能阻止清兵侵犯，明朝的覆灭与崇祯用人多疑关系极大。

有些老板想重用身边的人，又极度不信任，总想着寻找蛛丝马迹来证实自己的怀疑。其实这是一种自我保护，这种自我保护虽然有积极的一面，但更多时候，会造成老板与下属之间产生隔阂，使彼此无法开诚布公地沟通和坦诚地相处。老板如果生性多疑，习惯猜忌下属，那么下属将会变得人人自危，有的为自保甚至会不惜损耗团队利益。

对下属进行无端猜疑是老板的一大忌讳，很多团队就毁于老板的怀疑和猜忌。带过团队的人都知道，一个心态不健康的人，会带坏整个团队，所以，无论是从大局着想，还是从团队的未来发展考虑，老板都必须快刀斩乱麻，割除猜忌的毒瘤。

美国通用电器前CEO杰克·韦尔奇曾经自豪地说："我信任我的下属，他们也信任我。"信任不只是老板的事或下属的事，而是团队成员共同要做的事。现在很多老板抱怨这个下属阴险狡诈，那个下属背信弃义，没人值得信任。此时想一想，你是否给了其足够的信任？你自己也是否值得别人信任？只有当信任产生互动，信任的力量才会产生，组织才会变得强大。如果老板对下属的个人品质产生怀疑，很难想象下属会毫无猜忌地竭诚合作。

信任是合作的开始，是团队管理的基础，是团队成功的前提。当一个团队建立了信任，成员之间就容易做到相互包容、相互体谅、相互帮助，团队成员也容易产生积极的工作情绪，大家的满意度、团队忠诚度、工作效率也会随之提高。因为团队建立了信任之后，能使每个人都感到自己对他人的价值和他人对自己的意义，这样大家更愿意进行合作，更愿意给予别人支持和帮助，从而减少老板协调的工作量。同时，信任可以促使大家信息共享，有效地提高合作时的和谐程度，促进团队效益的提高。

领导力金言

猜忌是团队蛀虫，是一种负能量，相互之间一旦猜忌起来，这股不正之风就会蔓延开来，影响到团队的安定、团结和发展。

把矛盾与冲突消灭在萌芽中

任何社会都不可能没有矛盾，人类社会总是在矛盾运动中发展进步的。对于企业而言，也存在着不可避免的矛盾，而面对其中的内部冲突和矛盾，企业领导者要建立一套反应灵敏、信息畅通、运转高效的预警机制和处理机制，确保事件能被遏制；即使发生，也能得到有效控制，对主要问题和矛盾能够公平合理合法地解决，从而保证企业的稳定发展。

小王是一名技术员，自从大学毕业后，他一直在一家民营公司工作。最近，小王打听到昔日同窗好友的工资都比他高，职位晋升也比他快，心里很不平衡，于是给总经理写了一封信，投到公司意见箱内。

尊敬的总经理：

我是去年七月毕业来公司的大学生，来公司后，我发现我们公司的工资相比本市其他公司偏低；同时，员工的晋升相比同类企业也较为缓慢。我们这批员工对此现象表示强烈不满，我代表大家正式向您提出这个问题，希望公司给我们一个解决方案……

马克思指出："人们奋斗所争取的一切，都同自己的利益有关。"几乎所有矛盾都含有利益关系，利益矛盾是一切矛盾的总根源。企业内部矛盾，说到底，就是员工内部的利益矛盾。利益矛盾制约、影响着企业内部其他各类矛盾，起主导作用。

当然，引发企业内部不和谐的原因还有很多，但关键是处理企业内部的利益矛盾。收入差距拉大是利益矛盾的突出表现，是构建和谐企业的最大挑战。收入分配不公导致企业高度分化，如果不能加以有效纠正，将成为各种矛盾的最主要源头，企业稳定就会成为大问题。

因此，我们绝对不能忽视利益矛盾，一定要正确处理。

那么，作为领导者，你该如何协调企业内部包括利益冲突等各个方面的不和谐因素呢？

1. 进行感情投资，实行人性化管理

人都是有感情的，人与人之间建立了感情，凡事就会从“情”字出发，矛盾就能有效减少。因此，要实行人性化管理。对此，你需要：

一要做个有亲情感觉的领导。领导者要经常与员工联系，了解员工的意愿，听取员工的意见，真正关心员工的生活和工作。

二要做个有人情味的领导。俗话说：“水能载舟，也能覆舟。”作为领导者，你要时刻把员工装在心中，尊重员工，与员工真正交朋友。

三要真情地为员工谋福利。

2. 大力倡导奉献精神，妥善协调利益关系

企业内部不和谐的根源在于思想上的分歧，而分歧的根源又在于利益。因此，协调和平衡好不同利益群体对物质利益和精神利益追求的愿望、目标、途径和方法，就等于把握了构建和谐企业的根本。协调利益关系关键要从三个方面入手。

第一，在员工内部宣传先进的文化理念，从而帮助他们树立正确的价值观，引导员工正确认识自我价值和社会价值。

第二，必须大力弘扬奉献精神。

第三，要在提高认识的基础上逐步建立有效的利益机制，发挥

激励作用。

3. 从领导者入手，着力提高领导者解决矛盾、协调关系的能力

企业内部的矛盾问题处理的效率以及预防状况如何，是离不开领导者的作用的。因此，提高各级领导者解决矛盾、协调关系的能力是一项重要而紧迫的任务。

一要提高领导者的理论政策水平。

二要提高领导者的科学决策能力。

三要模范带头，克己奉公，不以权谋私。

四要提高领导者的应变能力。

领导者构建和谐企业，内部和谐是基础，外部和谐是关键。因此，构建和谐企业既要注重行业内部的和谐，妥善处理好行业内部各方面的关系，也要把着力点放在企业协调处理与社会各方面的关系上，促进企业与整个社会的和谐。

领导力金言

企业内部矛盾，说到底，就是员工内部的利益矛盾。利益矛盾制约、影响着企业内部其他各类矛盾，起主导作用。

好的制度，犹如企业的灵魂

严明的制度和纪律不仅能够维护团队整体的利益，而且能够保护团体成员的根本利益。如果一个人犯了错误，触犯了制度，但是却没有受到应有的惩罚，又或者是处罚无关痛痒，那么制度就不会

产生威慑力了。久而久之，员工就会养成犯了错也无所谓的心态，时间长了，真正遇到大事的时候，就后悔莫及了。所以，不要让你的员工跟你在制度上讲条件，无条件地执行，这是唯一的选择。

我们都知道岳家军的故事，南宋初年，金兵南下进犯南宋，由岳飞带领的岳家军北上抗敌，屡屡获胜，使得金兵闻风丧胆。而岳家军之所以能够对金兵战无不胜，其主要原因就在于岳家军有严明的军队纪律。纪律是什么？纪律就是制度，纪律就是铜墙铁壁，有了它，敌人就很难攻破。在金兵中流传着这样一句话："撼山易，撼岳家军难。"这难以撼动的岳家军靠的就是严明的军法。

另外一个例子讲的是三国时期的诸葛亮挥泪斩马谡。马谡和诸葛亮私交甚好，肝胆相照，但是，即便二人关系再好，当马谡由于个人失误痛失战略要地街亭的时候，诸葛亮也没有对他网开一面，而是一视同仁，军法处置，将其斩首示众，从而稳固了军心。

制度的建立，不是摆放一个花瓶。公司里，制度就是灵魂，如果你将公司的灵魂抛掉，那么你的公司就形同行尸走肉。好像岳家军没了纪律，马谡犯了错也不必军法处置一样，那样带来的后果只能是军队溃败。有了制度，就一定要执行，严格地执行，否则，你不讲制度，别人就会跟你讲条件，你就会陷入被动，受制于人。

不久前有一则社会新闻，报道某家公司财务处发现财务室被撬开，室内的保险柜赫然打开，柜内的20万现金不翼而飞。这听起来，真像是某部好莱坞大片。财务处、保险柜，再加上人，这重重的保护，怎么还能让窃贼如此轻易得了手呢？并且，该公司使用的还是世界一流的保险柜，柜子上面还配有报警器和密码装置，密码系统由电脑控制，还能产生电击，如此复杂的防盗措施，还是让窃贼得了手，难道他有通天的本领吗?

经过调查，事实上根本不是这名窃贼有多么大的本事，而是使用保险柜的出纳身上有问题。这名出纳是出了名的马虎精。平时办事情就丢三落四，迷迷糊糊。虽然公司对于财务室的保卫制定了一整套的规章制度，但是这位出纳却视而不见，充耳不闻。当上司要求他使用这台刚刚花大价钱买回来的先进的保险箱时，他跟上司讲条件，说:“这保险柜是不错，但是使用起来太麻烦。”

上司听了之后，觉得也在理，竟然就这么过去了，没有再要求。过了很久，就在这起事件发生的前两周，这位粗心的出纳将老保险柜的钥匙弄丢了，他这才想起来这个新保险柜。于是他又把它从遗忘的角落里请了出来。这个出纳还是个胆小鬼，担心遭电击，所以不敢接电源。因为马虎、记性不好，又不敢设置复杂的密码，于是就按照数字的大小顺序编了个“123456”最简单的密码。又担心自己再把钥匙弄丢了，于是索性将钥匙扔在了办公室的抽屉里。

当法官问窃贼是如何窃取时，窃贼说，他直接进去之后，翻开抽屉，看见了钥匙，打开了保险柜，看了看使用说明书，三下五除二就把保险柜打开了，然后就拿了钱走了。

试想，如果该公司的老板，最开始在这名出纳跟他谈条件的时候，就能拒绝他，呵斥他，让他明确自己的错误，那么也就不会有后面的悲剧了。制度的建立，就是要求每个人去遵守，如果每个人都有各种各样的理由去推脱，那么制度还有何用呢?

当一个人跟你讲条件的时候，他就是在逃避，他就是在抵触。条件不是不可以讲，什么事情都可以商量，但是在制度上，就像在法律上，人人平等，毫无条件可讲。当一个人讲条件成功之后，他个人会在心理上产生下一次讲条件还行的心态，从而在工作上会更加无视制度。其他人在看到有人不遵守制度却没有受罚之后，在心理上会产生一种效仿心态。

中国讲究依法治国，具体有四点要求，“有法可依，有法必依，执法必严，违法必究”，这四点要求，应用在企业的制度化管理上，也是有着异曲同工之妙。公司的管理要做到依制度管理，具体的要求也要做到，“有制度可依，制度必须被执行，执行制度时必须严格，违反制度必须受到严惩”。

国家没有法律会乱，有了法律不去按法办事，那么法律的威严就会丧失，社会依然还是混乱。企业也是同样的道理，有了管理制度之后，如果不去执行，那么就形同虚设，问题始终无法从根本上解决。

领导力金言

有了制度，就一定要严格地执行，否则，你不讲制度，别人就会跟你讲条件，你就会陷入被动，受制于人。

精打细算，勤俭创业

懂得节俭的人都会不断积累财富，而不懂节俭的人，即使他家产万贯，所拥有的财富也会慢慢消失。

“娃哈哈”董事长宗庆后在当上城区经理时，常常骑着一辆三轮车，不分白天黑夜一个一个到学校去送货，为的是节省企业的车费开支。正是一分一厘的积累，才有了今天“娃哈哈”的高楼大厦。

宗庆后经常和员工一起吃住在厂里，工作更是没白天黑夜。可他从不因为有了娃哈哈这样的公司而摆阔、比富，无边际地享受。他说：“老板要付出非常代价。整天花天酒地的老板，肯定做不长、做不大，真正的老板都是俭朴的。”宗庆后这样对员工们说：“娃哈哈的产业不是老辈人留下来的，是我们用自己的双手创造的，是买10个扫帚去批发、卖一箱冰棍挣一毛钱换来了今天的。创业难，守业更难。勤俭创业，勤俭守节，是娃哈哈非常之本。”

宗庆后对公司内部的管理无论大小事情，一律亲自把持。公司内部所有的发票都必须经他签字才能生效。一天，大家排着长队去宗庆后的办公室，请宗庆后在发票上签字。一名职员进去没多久，外边的人就听见宗庆后大声说：“什么，买10个扫帚还不去批发？太浪费了！”

在黑龙江经商办企业的温州人，总是非常节俭，以至黑龙江人发出这样的感叹：“像他们那样投资一个项目就几千万元的企业家，比我们这些没钱的人还不讲吃喝，那么有钱，和工人一样吃饭、加班。原料、设备、人力都被他们算计到家了！”

精打细算是一名企业领导创业的必备条件，创业难，守业更难。稍有成就便开始大肆享受，没过多久又回到当初的穷苦。这种方式不值得效仿。

领导力金言

懂得节俭的人都会不断积累财富，而不懂节俭的人，即使他家产万贯，所拥有的财富也会慢慢消失的。

合理掌控时间，跳出忙碌的陷阱

事物的发展变化，总是由量变到质变。如果想成就一番事业，一定要学会用零碎的时间学习整块的东西，做到点滴积累，系统提高。古今中外，凡是有成就的人都具有时间观念。善于利用时间，把时间的价值利用到最大限度，是每一个成功者的愿望，也是其成功的重要条件。不同的人对待时间价值上的不同态度和观点，决定了其不同的人生际遇。

我们经常听到许多领导者抱怨工作繁重，每天都有干不完的事，有一半以上的时间在加班，没时间健身，身体长期处于亚健康状态；也有人抱怨知识更新迅速，但没时间充电。从这些抱怨中不难看出，大家都是因为缺乏时间管理的技巧而不能很有效地运用时间。

卡耐基曾引用哲学家休谟的话说："如果善于处理，一个人的时间即是他们的一块良田，一亩地所生产的对生命有益的东西，比布满荒草荆棘的无限旷野还要多。"善于分析自己的工作时间，才能创造出效率来，不要让自己陷入忙碌的陷阱中。

美国著名的化学公司杜邦公司的总裁克劳福特·格林瓦特每天会挤出一小时研究蜂鸟，用专门的设备给蜂鸟拍照。权威人士把他写的关于蜂鸟的书称为自然历史丛书中的杰出作品。

休格·布莱克在进入美国国会前，并未受过高等教育。成为议员后他每天从百忙中挤出一小时到国会图书馆去博览群书，包括政治、历史、哲学、诗歌等方面的书籍，数年如一日，就是在议会工作最忙的日子里也从未间断过。后来他成了美国最高法院的大法官，这时他已是最高法院中知识极为渊博的人士之一。

诺贝尔奖获得者雷曼的体会更加深刻，他说：“每天不浪费剩余的那一点时间。即使只有五六分钟，如果利用起来，也一样可以产生很大的价值。”把时间积零为整，精心使用，这正是古今中外很多成功者取得辉煌成就的妙招之一。

作为领导者，如何才能科学、合理地掌控自己的时间呢？下面介绍科学使用时间的几个技巧，供大家参考。

1. 强迫自己每天都要有所成就

有一位名人给自己立了这样一条座右铭：“不让一日空过。”有了这样一个强制性的命令，就会自觉地珍惜每一小时、每一分钟，使每天都在紧张的追求中度过，使第二天在前一天成果的基础上和新的追求中开始。

2. 做好时间消耗记录

要想科学地运用时间，首先必须善于检查自己的时间使用状况。办法是在做完每一件事的“当时”，立即记下所耗的时间，每天一小结，连续记两周或一个月，然后进行一次总结分析，看看自己的时间究竟用到了什么地方，从中找出浪费时间的原因。专家研究证明，凡是这样做的人，在节省时间、提高效率方面收效甚大。

3. 当日事当日毕

检查时间消耗的目的是更好地利用时间。昨天已经过去，明天有太多的不确定性，只有今天，才是我们可以采取行动的唯一时间。世界上所有的成就都是在“今天”创造的。所以，从现在做起，从今天做起，当日事当日毕，应该成为一切领导者的行动准则。

4. 养成快速准时的习惯

领导者要提高时间利用率，必须缩小时间计算单位。用“分”计算时间的人，比用“小时”计算时间的人效率要高得多。做每项工作都要给自己定出一个时间限度，何时起，何时止，能用半小时办完的，绝不拖到一小时。开会和约见要准时，要养成开短会、说短话、写短文的良好习惯等。

5. 养成随时记录的习惯

当有好的创意、设想和观点时，应立即记录下来，以便需要时随时利用。开会、听汇报、谈话、讨论中的要点也要注意记录。有些事件、人名、数字以及下属的要求、意见等，最好随时记在本子上。有个备忘录在手，处理问题就快多了，时间也就大大地节约了。

成功与失败的界限有时候就在于怎样分配时间，怎样安排时间。我们不应满足于现有的做事方法，而应经常动脑思考，寻找可以改进的途径。培根说得好：“时间和做事的关系，就像金钱和货物的关系一样；一件事做得太慢、费时太多，就像是为一件物品支付了过高的价格。”因此，我们应经常动脑思考，寻找可以改进的地方，效率通常总是可以提高的。

领导力金言

> 如果善于处理，一个人的时间即是他们的一块良田，一亩地所生产的对生命有益的东西，比布满荒草荆棘的无限旷野还要多。

第四章

亦师亦友，做贴心导航

多一些鼓励，少一些批评

在企业管理中，领导者要做的是多些鼓励与建议，少些批评与意见。如果领导者能用真诚的鼓励和正确的建议对待员工，特别是一些有知识、有文化、有思想的员工，那么企业的管理水平肯定会有一个质的飞跃，员工在这种激励下能增强工作的信心，就可以在保证质量的情况下超额完成任务。

批评往往会使自己情绪恶化，员工也会因此而产生逆反心理，会消极怠工，更会破坏工作场所的氛围。而且对于领导者而言，他们也会被认为是不合群、人际关系有问题。批评只是管理手段而不是目的。光靠批评不仅无助于问题的解决，还会使问题恶化。员工在接受批评后会产生紧张感、挫折感，而这些负面情绪都不利于问题的最终解决。

一天，公司赵总突然接到刚工作不久的员工妮妮的电话：“我买了机票，我要去旅行，现在想向你辞职。”赵总接到这样的电话不免感到惊讶，但他还是尽量平和地说：“我给你两周的时间，旅行完之后再回来上班。”妮妮说：“不用了，即使回来，我也不想再回到这里上班。”

赵总听到这样的回答感到很气愤，但他依然没有忘记反思问题出现的原因。他终于想起，前几天妮妮曾经交给他一份企划案，当时他看了十分不满意，还训斥她：“你怎么可以做出这样的东西，竟然还好意思交给我，你是大学毕业生吗？”

妮妮因为赵总的一句严厉的批评而辞职了。妮妮工作时间不长，很明显，抗挫折的能力比较差，赵总在跟她打交道时，有必要使用一定的技巧。员工犯错后，领导者应该做的是向员工提出解决问题的建议，避免他以后再犯。很多时候，新进员工犯错误都是由于领导者没有给他们正确的建议。

例如，某员工说："我不想做了，实在是没有什么前途。"这说明他正处于情绪不稳定的状态，此时领导者最好的做法是采用迂回的策略，先让他的情绪稳定下来。领导者可以先把员工的话润色加以重复："你的意思是，你觉得在这里的表现或者发展不是很满意，是吗？"然后稍等片刻，暗示对方你已经明白了他的意思。如果员工的情绪依然低落，对你说："是呀，我觉得这里很糟糕。"那么这时候领导者可以继续跟他聊，直到他平静下来。最后，员工可能会询问你该怎么办。这时领导者就掌握了谈话的主动权，可以询问员工的想法。如果通过沟通发现他之所以会如此沮丧是因为对自己太过悲观，那么领导者有必要举例让他知道其实他已经做得非常好。

当然，这里说领导者应多些鼓励和建议，并不意味着对员工的错误视而不见。有时候，批评也是必需的，只是批评也要有艺术。

比如，如果一个员工之前的工作表现都很好，但是后来却怎么都没有办法达到领导者的要求。这时候批评就有必要了，但是作为一名领导者，如何批评才不会起反作用呢？

作为领导者，如果对员工提出质疑："你是怎么搞的，为什么没有把事情做好？"那在员工看来，就很可能会认为领导者讨厌自己，而不能就事论事。所以，一名优秀的领导者，在批评时一定要注意四点。

（1）要跟员工讲清楚事实，比如：“你这份企划书，为什么没有按时交给我？”

（2）要明确告诉员工你自己的感觉，比如告诉员工：“我对你现在的表现很失望。”

（3）领导者要明确自己的管理目标，让员工接收到肯定的词汇，而不是否定的词汇，比如：不说“你以后交企划不要迟到”而说“我希望你以后能按时交企划”。

（4）要运用“说服的艺术”。也就是用建议的方法而不是用意见。要说服员工做事，要让员工有自己判断的机会，所谓“晓之以理，动之以情”就是这个道理，要让员工知道你的建议是正确的。你不是在对员工的行为挑刺，指出他的错误，要用“诱之以利”的方式让员工认识到自己的问题，并选择正确的方式解决问题。

无论年龄长幼，贫富贵贱，爱听鼓励的话是人的天性。然而在企业中，当员工工作执行不到位、消极怠工或者犯错误时，不少领导者都喜欢通过批评员工来树权威、耍威风，更有甚者，还喜欢在员工犯错误时发脾气，殊不知这样弊远大于利。一味用批评和尖锐的意见面对员工，很多时候会扼杀员工的创造力，使员工产生挫败感。一个聪明的领导者会从员工的立场出发，采用最恰当的方式，让员工接受并乐于服从自己的建议。

领导力金言

领导者要做的是多些鼓励与建议，少些批评与意见，光靠批评不仅无助于问题的解决，还会使问题恶化。

帮助士兵成为好将军

所谓职业规划，就是对职业生涯乃至人生进行持续的系统的计划的过程，在对个人和内外环境因素进行分析的基础上，确定一个人的事业发展目标，并选择实现这一事业目标的职业或岗位，编制相应的工作、教育和培训行动的计划，对每一步骤的时间、项目和措施做出合理的安排。

说起职业规划，也许很多领导人觉得这是员工个人的事情，和自己没有关系，也会觉得帮助员工做好他的职业规划，有些干涉员工选择的意味。其实不然，帮助员工做好职业规划，一方面，有助于提高员工的能力，另一方面，对公司也有不可忽视的作用。

在公司做得很好并做得很久的员工，一般忠诚度都会很高，领导在用的时候，也会得心应手。如果帮这些员工做好职业规划，在公司某个岗位空缺时，就可以把他们调配或提升上来。

如果岗位空缺，通过招聘渠道吸纳人才担任这个职位，公司肯定会给出很高的待遇，这是财力的投入；新员工任职，和领导及同事都有一个磨合期和适应期，这是感情的投入，而且，谁也不能保证，新员工一定适合这个岗位，并且会长久地干下去，忠诚于公司。

另外，公司内部的员工被提拔以后，其他员工也会因此受到鼓舞和激励，他们觉得，只要自己做得好，就会被任用到更高层更重要的职位，所以，干起活来更积极。

因此，根据员工自身的能力等帮其做好职业规划，一举而多得。

苏冉是一家化妆品店的店主，计划以后开一家分店，但是她一个人照看不过来，所以准备提升店里的资深导购王静。

苏冉把王静叫来，对她说："你已经来咱们店工作好多年了，在导购岗位上做得很好。不知道你有什么职业规划？"

王静一脸惊讶，问："职业规划？我还没想过这个问题。"

苏冉问："考虑过往管理方面发展吗？我准备以后开一家分店，想把你提升为分店店长。如果你有兴趣，现在可以跟我学管理，等学得差不多了。咱们就开一家分店，交给你打理。"

王静有些担心，怕自己无法胜任，果断地拒绝了。

但是苏冉觉得王静这个人业务熟练，为人诚恳，是棵好苗子，只要好好培训，肯定能胜任分店店长一职。于是，苏冉苦口婆心地劝说王静，对她说："我觉得你应该挑战一下自己，做好职业规划，没有经验可以慢慢学，我当初也没有经验啊！"

王静有些犹豫了，支支吾吾地说："那……那好吧！我……我试试。"

有一句老少皆知的话，"不想当将军的士兵不是好士兵"，可是，一个团队里，总会有这样甘于现状的士兵，他们似乎有些"不思进取"，只想做好眼前的工作。可是，这些人里，不乏忠诚度很高的人，而且能力也许很高，只差一个"激"他们的人。

那么，到底怎样帮助员工做好他们的职业规划呢？

在和员工聊职业规划时，要注意说话的方式方法，不能"豆腐心刀子嘴"，也不能是一副高傲的姿态，故意贬低他们现在的职位，否定他们现在做出的成绩，这样做只会适得其反，不仅不能让他们理解这背后的苦心，还会引起他们的厌恶和反感。聪明的领导，会照顾到员工的颜面，首先肯定他们的业绩，再给他们描绘出未来蓝图，让他们向更高的目标努力。

独木不成林，一个团队，是由一个个员工组成的，所以，只有这些员工优秀，团队才能优秀。相反，员工平平，领导的命令就不能被完全贯彻和顺利执行，团队的工作也就无法顺利完成。所以，领导者应该关心和注重下属，扮演好导航和指南针的角色，给他们指明一个努力的方向，在他们的工作道路上点燃希望之灯，帮助他们提高自身素养和个人能力，帮助他们完成个人规划。

领导力金言

提前帮助现有员工做好职业规划，提高他们的能力，等公司有需要时就可以把他们提升到较高的岗位上，这些员工忠诚度较高，用起来会相对顺手些。

关爱也是一种生产力

人非草木，孰能无情？有时候，哪怕付出一点点关心和爱护，都会收到超额回报。作为老板，要注意对下属的生活给予关照，这会让他们感受到温暖，对公司有家的归属感。这样无疑会加深他们与团队的依赖，对团队的感情。如果下属在一个充满宽容和爱的团队里工作会有被重视、被鼓舞的感觉，工作起来就会发自内心，愿意为公司全力以赴。

日本三洋电机公司非常重视与员工的情感交流，并善于从点点滴滴做起，用细腻的真挚的情感去呵护员工。“蔷薇园工厂”是该公司为员工建的宿舍楼工程，井植熏是筹建这个工程的主要负责人员，在新宿舍楼将要落成之时，他去查验工程。

在查验过程中发现，宿舍的室内装修及各种生活设施的一些细节不符合要求，如浴室拧开水龙头时，发现流出的水十分混浊。

这位领导马上问负责此事的一个工程师，该工程师回答说：“新装的水管，通水检验后又很少使用，是会生锈的，多用几次就没有了。”

井植熏对这样的答案并不满意：“难道你让新来的姑娘们用这种生锈的浊水洗澡吗？”这位工程师还是认为这没什么大惊小怪的——水管中不经常通水，管子就会生锈，生了锈只要多放点水就没问题了。

于是说：“这没什么关系，打开水龙头把锈水全部放掉就是了。”

井植熏更生气了，扯大嗓门对工程师说：“既然你知道，为什么不早一点放水，如果我不来检查，你会不会在姑娘们来到前把这个问题解决好？你想到过这个问题没有？”

经过井植熏这么一训，这位工程师就不敢再回应了，马上安排人打开浴室里所有的水龙头，放掉浊水，自己则跑到水泵房去检查水泵的工作情况。

井植熏又交代工程师说：“还有锅炉里的热水，可能也有铁锈，你马上让司炉工把水全部放掉，等水清了以后再重新烧！”

事实上，新盖的浴室里，水有点发浊是件很正常的事情，但怎样对待这件事却是一个重要的问题。后来井植熏对大家说：“今天是新员工进厂日，来的都是年轻的孩子，而且大部分是姑娘。他们刚刚离开家庭来到我们的工厂，心情一定非常复杂。我们做事就要站在他们的角度去考虑。如果进厂第一天就遇上混浊生锈的洗澡水，那么，他们的内心就会留下一片难以抹去的阴影。所以，我不允许这种事情发生，更不允许你们对这件事采取无所谓的态度。”

关心下属，尤其是生活方面的，不但可以赢得下属的拥护，提升士气，还可以激发昂扬奋进的锐气。只有为下属诚心诚意办实事，尽心竭力解难题，坚持不懈做好事，才能充分调动下属的积极性和创造性，进而增强企业团队的凝聚力和战斗力。

有句经典的话叫：“为政之道在于安民，安民之要在于察其疾苦。”团队管理也是这个道理，老板要“安民”“察其疾苦”，积极为下属排忧解难，关心下属的困难。这是老板的职责所系、使命所在。

然而，对下属的关爱，不是一种口号，不能停留在口头上，而是要作为一个实际行动持续下去。作为一名合格的老板，有责任关心下属的生活、工作以及身心健康。

正如美国跨国计算机公司首席执行官兼总裁温白克说：“一定要爱护你的员工，把你的心拿出来给他们看，要心心相印。”

创造关爱的氛围，给予下属良好的工作环境，给予下属足够的工作之外的支持，是关心下属的重要举措。只有在互相关爱、共同奋斗的氛围工作里，每个人的能力才能最大化。

马来西亚的一名电子工程师赖炳荣，而立之年从美国回国，到英特尔（马来西亚）公司从事电子研究工作。一次老板问：“赖先生，你在英特尔的理想是什么？”

赖炳荣指着老板的椅子回答道：“你的位置。”

不久以后，赖炳荣果然荣升英特尔（马来西亚）公司总裁，而且一坐就是10年。他的贡献在于，创造了一种全新的管理理念和管理模式——爱心管理。

他创办了职工幼儿园，让员工的孩子在幼儿园里学习，还亲自命题主持考试。他还开辟出一块荒地，修建成运动场，组建青年员工运动队，后来又修建了游泳馆。他的这种做法一开始就遭到公司总部的反对，英特尔公司董事长便是其中之一。

一次，董事长来到马来西亚视察工作，偶尔谈及公司办体育活动的事，说："我们是来工作的，不是来玩的。"赖炳荣并没立即为自己辩护，而是领着董事长去看比赛。

运动场外职工热情呼喊："英特尔！英特尔！"董事长感动了，说："这不但增进了企业的凝聚力，而且给企业做了最好的广告。"

下属需要企业给予其关爱，从而从企业的温暖中提升自我满意度。进一步说，关爱下属就是关爱自己，一个不关心下属、不善待下属的老板是很难有发展潜力的。关爱下属，让下属快乐工作、快乐生活、快乐成长应该是老板的天职。一个成功的老板，一定要有关爱下属之心，一定要有让下属快乐工作之能，这样才能得人心、创大业。

赖炳荣以关心员工生活为出发点，满足员工工作之外的正当需要，间接为员工创造了最好的工作条件，使之具有了更强的主人翁意识。

团队的 切都由下属来完成的，下属是否爱团队，并竭心尽力地为团队付出，对团队做出贡献，外在环境的好坏并不重要，最主要的取决于老板对他们的关心程度。一个老板如果仅仅把焦点放在员工的工作上，那么就失去了很多员工的心。老板所要做的就是把关注的焦点转移到情感层面，转移到对下属生活的关注上，为他们做好后勤工作，让其没有后顾之忧，那么彼此的心会越走越近，下属才会把企业的事情当成自己的事来做，主动工作，将更多精力、创造力放在工作上。

领导力金言

创造关爱的氛围，给予下属良好的工作环境，给予下属足够的工作之外的支持，是关心下属的重要举措。

填平与员工之间的心理鸿沟

管理者和员工之间因为职位的高低，总是存在着各种各样的矛盾，天然的就会有一道屏障，这使得管理者与员工之间总是存在着隔阂，造成了两者之间的距离。必要的距离可以让员工对管理者心存敬畏，帮助管理者树立威信，保证决策的权威性。但是，管理者和员工之间的距离太远，就会形成一道心里鸿沟，使两者的关系畸形发展，公司将变得毫无人情味，只剩下机械、枯燥的上下级关系。

实际上，管理者与员工之间的心里鸿沟并非不可跨越，但这需要管理者放下自己的身份，主动走近员工，与员工沟通，让员工为了企业打拼，让员工把你当成共同奋斗的战友。

对身居高位的管理者来说，如果想让员工主动亲近，就要和员工同甘共苦，严格要求自己。管理者要和员工一起加班，一起严守公司制度，一起分享胜利果实，这样才能赢得员工的认同和敬重。如果员工在加班工作时，管理者却四处游玩，员工嘴上不说，其实心里已经不平衡了，而对管理者必然不会产生亲切感。相反，如果管理者能够和员工一起奋斗，就会让员工自然地亲近你，把你当作自己人。

很多管理者为了在员工面前保持威严，在与员工相处时，总是面若冰霜，这是不可取的。管理者在与员工相处时，不能太过于严肃，即使是在召开非常重要的会议时也要多用一些幽默的语言。幽默是管理中一种有效的方法，能够让员工感到亲切愉快，缩短权力和职位给员工带来的距离感。用幽默的语言来发号施令能够最快地让员工接受，从而让指令顺利执行。

无论是和员工同甘共苦，还是运用幽默语言，都是为了和员工进行良好的沟通，只有沟通才是拆除员工和管理者之间“隔离墙”的好办法。通过有效的沟通，管理者可以取得员工的信任，走进员工的内心。双方敞开心扉交流，隔阂自然就会消失。

在沟通时，管理者一定要适时激励员工。任何人都是需要激励，需要被别人肯定的。每一个员工都希望自己的辛苦努力能够得到认可，希望别人对自己的成功表示赞扬，达到自己的心理满足。在员工努力工作时，管理者的一句喝彩是送给员工最好的礼物。员工每天拼命工作，肩上背负着沉重的压力。管理者及时的赞美能够产生激励士气、鼓舞人心的效果，同时，管理者也能在员工中间树立权威，赢得员工的认可。

管理者还要及时地为员工喝彩，无论员工提出多么小的设想，或微不足道的合理化建议，管理者得知后，就要给员工鼓励，给予你的肯定。哪怕只是简单的一句“辛苦了”，也会让员工觉得努力是值得的，员工也能够感受到来自管理者的关心。不懂赞美的管理者是不可能打造出一支团结、有凝聚力的团队的。

管理者只要说几句肯定和赞美员工的话语，就可以收获非常好的效果，何乐而不为呢？但是现实中，偏偏就有一些管理者惜字如金。一方面，管理者认为自己高高在上，是员工的顶头上司，掌握着员工的升迁，不用拿赞赏来讨好员工，他会觉得对员工的赞赏是对员工的阿谀奉承，会掉身价。另一方面，管理者认为，他和员工只存在雇佣关系，员工工作只是为了赚取生活的费用，他向员工支付薪水，员工就应该努力工作，这是理所应当的，没有必要去为他们喝彩。

有这种想法是管理者的失职。管理者虽然是企业的领导，但是并不能事事都能成功，也需要手下员工的帮助。没有基层员工的努力工作，企业只是空中楼阁，早晚会有倒塌的一天。因此，管理者理所应当对员工表示感谢和赞扬。管理者不要认为自己在施舍员工，员工的工资是通过自己的努力挣到的，这是员工应得的。员工辛苦为自己换取面包和牛奶的同时，也为整个公司创造了巨大的利润。

一位成功的领导讲述他的管人诀窍时说："重要的是掌握员工的心态，无论在国内还是在国外，我们都一样是人，只要我们以诚相待就可以了。"融洽的上下级关系对于企业有百利而无一害，好的管理者能够消除隔阂，拆除两者之间的隔离墙；但失败的管理者被员工挡在心扉之外，为员工做再多的事情，也无济于事。

领导力金言

管理者与员工之间的心里鸿沟并非不可跨越，但这需要管理者放下身份，主动走近员工，与其沟通，让员工把你当成共同奋斗的战友。

感受他人目的，勾画共有愿景

一位知名的企业家曾经说过："假如说领导者需要具备什么特殊天赋的话，那就是感受他人目的的能力。领导者只有凭借了解下属、倾听他们、读懂他们、采纳他们的建议，才能够说出下属的感觉，能够站在他们面前，信心十足地说，这就是我所听到的你的愿望，这就是你的需求与抱负，只要你跟着我朝着正确的方向走，这一切都能在我们共同目标的实施中实现。"

在现实生活中，人们确实想有所奉献，只要有个共同的理由、召唤、任务、目的、展望或愿景使他们结合在一起，他们就能完成非比寻常的伟业。正如彼得·圣吉在《第五项修炼》一书中所说的："这是人们心中的一股力量，一股不容忽视的力量……几乎没有任何力量，会像共同的愿景如此锐不可当。"

主管的梦想不管如何伟大，假如没有下属的认同与支持，梦想依然只是梦想。领导者要赢得发号施令的拥戴就要认同下属的感受，找出他们的渴望，引导下属奔向共同的目的。

下属更愿意追随能做事的领导者，而不是那些总是辩解事情却什么不能做的人。优秀的领导者总是相信能够做成事，而且他从不说不可能。他们会传达给每个跟他见过面的人一个只要他们想要就可以办得到的信息。引导成员奔向共同目标，团队成员才能真正共同努力。

一个成功的企业领导者对领导艺术往往有更新、更深的领悟。

在他们那里，领导才能就是影响力。真正的领导者是能够影响别人，使别人追随自己的人。他能使别人参与进来，跟他一起干。他还能鼓舞周围的人协助他朝着他的理想和目标迈进。”

最令人钦佩的领导者是那些有热情、步伐有力、态度积极的领导者，他们相信自己是在参与一次生气勃勃的旅行，在他们身上人们会时常感受到一种活力，即使他们是在工作之余也不例外。

大量的有关成功企业领导者的研究表明：比较完美的领导者能善用人类对满足的向往，使得每个人都能了解在创造的过程中自己所扮演的角色，并让他们知道哪里有鱼，到哪里去钓鱼，怎样才能钓到鱼。当领导者清楚地勾画出一个公司共有的愿景时，也就使那些要实现它的人变得更加勤奋。换言之，有助于振奋人们的精神。

领导力金言

> 领导者要赢得发号施令的拥戴就要认同下属的感受，找出他们的渴望，引导下属奔向共同的目标。

尊重每一位员工的价值和贡献

哈佛商学院教授罗莎贝斯·莫斯·坎特提出，管理始于尊重，任何一个领导者应该认识到，尊重员工是身为领导者必备的素养，也是获得下属尊重的前提。

这就是著名的“坎特法则”。领导者管理的对象是人，不是机器。所以企业领导者应该建立一套柔性管理机制，补充刚性管理机制的不足。坎特法则讲的就是柔性管理中的一个原则：尊重员工。

什么是尊重？关于这一问题，可能很多领导者受到传统君主思想的影响，不知道如何尊重下属。其实，尊重下属是指员工的私人身份受到尊重，你只有做到这一点，他们才会感受到被重视，做事情才会发自内心，愿意为工作团队的荣誉付出。

李俊是一家大型外企的采购部经理，在工作上，他一直深受公司高层的赏识。他不仅是个工作狂，还希望他的下属也能和他一样，把所有的时间都花在工作上。

对待下属，他很严格，他要求他的下属在上班时间不得擅自离岗，不得做与工作无关的事情，不得闲聊，不得接打私人电话，所有的时间都用在工作上。

他还要求自己的下属养成“早到晚退”的习惯，让下属每天陪自己加班一个小时，即使下属无事可做，也要陪伴在自己身边。

他总是想方设法占有下属的时间，认为只有下属多做工作才能多出成绩。在他的管理下，下属总有做不完的工作，即便有些工作没有任何意义。

假如下属没有养成这种习惯，那么加薪晋职的机会就比较少，而且可能被他战略性地冷藏，再无出头之日，要么就是莫名接到调职或解雇的通知。

很多下属刚开始还能忍受他这样的安排，但大家的忍耐是有限度的，他们抱怨自己完全没有私人空间，随时都被经理管制和监督，好像自己是被卖给了公司，他们的自由受到了严重的限制，他们快要疯掉了。李俊的工作也因此陷入了被动，士气低落，效率下降，人员流失，管理混乱等问题接踵而至。

事实上，现实中，有不少和案例中的李俊一样的领导者，他们认为员工喜欢逃避工作，领导者必须加强管理，加强监督，甚至采取一些强制手段，把员工的时间全部占有，让员工时刻都在自己的视线范围内。而在普遍提倡人性化管理的今天，这种管理风格显然要受到质疑和挑战。

事实上，领导者要做到尊重员工，还需要你做到尊重员工的私人空间，即使上班时间，你也不要以为可以占用员工的所有时间，因此，你不应时时刻刻监督你的员工，让他们感到窒息。你应该做的是帮助和指导你的员工做好时间管理、做好自己职责范围内的工作规划和计划、做好自己的发展计划，用计划和目标管理员工等。

大部分员工都喜欢享受工作，喜欢有魅力的领导，有着高度的自觉性和进取精神，把工作视为生活的重要内容，愿意为自己喜欢的工作付出，愿意为尊重自己的领导分忧解难。如果持续受到尊重，持续得到认可，员工们愿意和领导成为朋友，成为互相促进的工作伙伴。

汤姆·彼得斯和南希·奥斯汀认为，管理问题从根本上讲是人的问题，领导者只有尊重每一位员工，尊重每一位员工的价值和贡献，才能充分激发他们的积极性。那么，具体来说，领导者如何在工作中营造出尊重员工的工作氛围呢？

1. 礼貌待人

无论是在日常生活中，还是与下属交流时，领导者都应该彬彬有礼，谈话时体现你对对方所谈问题的关心。另外，千万要记住，不可表现出你的不可一世、对对方的斥责和不屑等。

2. 表里如一，赢得信任

也就是说，你所表现出来的举止要与你的内心想法相一致，人们对于那些表里不一的人尤其是领导者往往是不信任的。

3. 建立安全感

“安全”环境其实就是一个轻松、和谐、不用担心被谴责的工作氛围。的确，人们只有在一种安全机制下，才会觉得自己可以轻松投入，而当人们觉得不安全时，会产生很强的自卫意识，会变得担心、胆怯、敏感等。因此，作为管理者，你要尝试使用各种方法为员工建立安全的工作环境，从而培养员工的团队精神，使其能创造性地解决问题。

威廉·詹姆士说过：“人类本质中最殷切的需求是渴望被肯定。”就是说，人性最深刻的原则就是希望别人赏识自己。作为领导者的你，如果能让员工感受到被尊重，那么，你无须时刻对员工灌输所谓的敬业奉献，你也不用担心员工管理不好自己。你应该对员工的自我管理水平抱有信心，相信他们能提高工作效率！

领导力金言

管理问题从根本上讲是人的问题，领导者只有尊重每一位员工，尊重每一位员工的价值和贡献，才能充分激发他们的积极性。

亲疏有度

上级与下属之间往往存在着或亲或疏的关系。其实这也是必然的。造成亲疏的原因多种多样，既有时间因素，又有空间因素，还有文化素养和性格、志趣因素等。时间是事物过程的展开，人与人之间友谊的加深，离不开必要的时间积淀，上下级之间也是如此。一般来说，相处时间越久，感情就越深；相处时间越短，感情就越浅。上下级之间思想文化素养接近，思想和智力的组合就易于和谐，就容易建立亲密关系；思想文化素养相差太远，思想和智力组合必然欠佳，就不容易建立亲密关系。性格相合易相吸，志趣相投易交往。这些都会给上下级关系的密切程度带来一定影响。此外，工作性质、能力、资历、对上级工作的支持程度等，也影响上下级的关系。

人都有“热熟”的心理。生人或接触有限的人，因为摸不清底细，便不敢轻举妄动。大家相当熟悉，没有了距离，从生活习性到特长爱好，了如指掌。根据你的喜好投你所好也好，知道你的弱点采取相应对策也罢，你每行一步都在别人的掌控中。如此，你是领导者，还是被监控的对象，甚至被利用的傀儡？

对大多数人来讲，“威严”是制造出来的，人和人能差到哪里去？为什么一人必须听从另一人的指挥？就是因为他有一个上司的头衔，这头衔便是对距离的一种丈量。

管理者既要避亲，防止因为与员工过分亲近而影响自己的权威，也要极力避疏，防止失去领导和控制，防止没有人追随自己。

在冷风飕飕的冬日里，有两只困倦的刺猬想要相拥取暖休息。但无奈的是双方的身上都有刺，双方无论怎么调整睡姿也睡不安稳。于是，它们就分开了一定的距离。但又冷得受不了，于是又凑到了一起。几经折腾，两只刺猬终于通过自己的努力找到了一个合适的距离，又能互相取暖，又不至于刺到对方，于是舒服地睡着了。

刺猬能够舒服地睡着而不刺到对方，就是因为它们之间保持了合适的距离。有人说，恋人必须保持一点距离，这样，才能使魅力永恒。距离产生魅力，距离维持魅力，这是一个“相对真理”。在博弈管理艺术中也应遵循这一点，管理者与下属相处时，更应记住保持一定的距离。当然，若距离太远，“可望而不可即”，让人“敬而远之，望而生畏”“神圣得不可接近”，似乎也没人买账。

所谓距离有几种：一种为心理距离，即在内心保持这种意识。你所做的一切，密切联系“中间派”也好，与“中间派”打成一片也好，只是为了更有效地开展你的工作，巩固你的地位，维护你的权威，而不是真的你好、我好，大家忘乎所以。

另一种为实际接触距离，由接触的远近、频次来表现。离得太近，接触太频繁，都是实际接触距离不当。在与“中间派”的相处中，绝不能让他们觉得与你交往可以无所顾忌。

与疏远者尽量靠近。对于与上级关系疏远的人，作为上级应努力去缩小距离。缩小距离的措施，主要是针对造成疏远、反感的原因，或采取改变时间条件，或采取相似性吸引和接近性吸引，或采取报偿性吸引和仪表性吸引。通过改善条件、增强吸引来实现彼此了解，不断增进友谊，逐步改善关系。如果采取冷落、排斥态度，必然会导致距离越来越疏远，关系越来越紧张。

与亲近者保持适当距离。“亲者严，疏者宽”是管理者处理上下级关系的重要原则。这实际上是说，要通过“宽”“严”来调节自己与不同人的关系。事实证明，上级偏袒亲近者，也是不平等待人的做法，往往对工作和上下级关系不利。明智的领导者不仅要对亲近者与疏远者平等对待，而且要与亲近者保持适当的距离，不要发展到亲密无间的程度。

人都有这样一种“惯性”，即“得寸进尺”。你要是对他亲近些，最初他会夸赞你这位领导没有架子，进而和你称兄道弟，不分轻重，久而久之，说不定还会将自己的意愿与你的指挥做一平衡。

一天，李萍在自己的办公室里接待一位客户，张敏敲门后进来，以为没有别人，就冲着李萍问：“嗨，老妖精，今天晚上去看电影怎么样？我搞到了两张票。”李萍的脸色立即很不自然，看都没看张敏，只说了一句：“你风风火火的像什么样子？这是在办公室。”张敏愣了一下，这才发现在那张宽大的黑色沙发里，坐着一个穿黑风衣的瘦小的老者。

李萍由于与张敏的距离保持不当，才发生了上述尴尬的事情。管理者可以一直以“与中间派打成一片”的形象出现，这样“中间派”可以比较自由地向领导者反映各种情况，还可以在非正式的场合称呼随便点。但是，绝不能允许他们没上下级观念，也不能允许他们太放肆。得让“中间派”清楚，领导永远是领导，无论领导多么和蔼可亲、多么平易近人，他也是为了更方便地开展各种工作，实施各项措施。领导艺术的高明、巧妙，只是从另一方面证明了他是一位领导的事实。让“中间派”感觉到这一点，既利于自己决策的平稳展开，也在不知不觉中树立了领导者个人深入群众、深得人心，同时又有工作魄力、有业务能力的良好形象。

业务员杨菁是个很能干的女孩子，去年还成了全公司的销售状元，由此深受陈经理的赏识。杨菁活泼大方，性格外向，陈经理和她很谈得来，经常在工作上帮助杨菁，杨菁本来人就很聪明，又受陈经理的指点，这下业务能力大有提高。第二年年底，杨菁被陈经理任命做销售部主管。做了主管后，由于要花一些精力管理，杨菁的销售业绩有所下降，公司的风言风语就多了起来。一天，她和陈经理一起吃饭，隔壁房间传出几个同事熟悉的声音：“看，杨菁现在卖不出东西了吧！这都怪陈经理用人不当。”“杨菁本来就没有管理能力嘛，也许是陈经理看在她天天陪吃饭逛街的分上，给了她这么个安慰奖。”杨菁和陈经理面面相觑，两人再无半点食欲。

上司可以与员工关系和谐，但不必太过亲近。这里面有个“度”的问题，一旦越过上下级，进入私密的领导层，不仅不利于对员工的管理，而且还会产生很坏的影响。

企业内部建立、健全各项管理制度，使企业的一切行为规范化、制度化。制度管理是管理的方法和手段，亲情和感情管理是一个企业的企业文化，它应该融合在企业的管理制度中，在企业的管理制度中体现出来，而不能“凌驾”独立于企业的管理制度。否则，实行亲情管理和感情管理，就会增加管理者决策的随机性、人为性和不稳定因素，产生员工之间的不公平、不对等的情况，从而降低员工对企业管理的信任度。

领导力金言

管理者既要避亲，防止因为与员工过分亲近而影响自己的权威，也要极力避疏，防止失去领导和控制，防止没有人追随自己。

LEADERSHIP

第五章

决策只是空中楼，开花结果得执行

最恰当的命令，才是最有效的

命令是管理者管人最常见的一种形式，它可以以文件的形式间接下达，也可以以口述的形式直接下达。“有令必行”是管理工作的通则；反之，在执行过程中，命令被打了“折扣”，必定达不到预期的效果。这种“折扣”法，在现代企业管理中时常出现，或者说使命令在执行过程中走了样，变了形，致使企业工作难以有效进展。

沃尔森大学毕业，就开了一家电子科技公司，刚开始有很多合作伙伴支持，业务发展非常迅速，于是沃尔森大规模地扩张。不久公司的资金出现了问题，合作伙伴看到了这种情况，便采取观望的态度。为了争取合作伙伴的支持和长远的发展，沃尔森决定裁员，变粗放管理为精细管理，而且为了怕下属知道公司实情后会跳槽，于是这个秘密连自己的秘书都没有告诉。

沃尔森召开了全体会议，只是下达了决议实施裁员30%的命令，除此之外并没有说明为什么。消息传出，人人自危，都在想会不会是自己。很多人开始在老总面前表现自己，更有人找老总谈心，表示忠诚。不过，可喜的是，决议定下来后，大家都拼命地工作，以体现自己的能力和忠心。

一星期后，沃尔森听到这些消息，又不忍心裁员，怕裁员影响太大，将严重影响公司的形象和正常的业务，又再决定减薪50%。决议确定，又召开了全体会议，依然只是下达了要减薪50%的命令，同样没有告诉下属为什么要这样做。

于是每个下属都在算计自己的薪水，控制自己的开支，公司的士气一片低落，甚至有人开始另找工作。

沃尔森看到这种情况，只好再变制度。为了挽救危机，最后沃尔森召开了全体下属参加的大会。会上沃尔森严肃地讲："最近公司的决策都不合理，我们是以人为本的公司，下属是我们生存和发展的基础。企业发展了，下属才能发展；下属满意了，企业才满意。对我们来讲下属是我们最大的财富！我现在郑重宣布，我们既不裁员也不减薪。"大家集体起立鼓掌，非常庆幸能摆脱这种厄运。

"不过，大家不要高兴得太早，如果我们不控制自己的费用，我们只有死路一条。所以从下个月开始，我宣布每个人的半年工资先由财务部代为保管，渡过难关后再发放给大家，你们觉得如何？"话还没有说完，很多下属起立离开会议厅，甚至有些下属流出失望的泪水。

没过多久，下属纷纷找到了自己满意的工作。

一个曾经辉煌的公司就这样倒闭了。究其原因，和沃尔森经常变更命令及下达命令原因不清晰有很大的关系。可见，发布命令要懂得一些技巧才行。

就企业而言，老板下达命令时不够明确，有时会使下属理解不了老板的意图，延误工作，甚至产生更大的反作用力。例如，有的老板在指示下属时，常使用一些含糊的用语，"要尽快把这项工作完成"。"尽快"有多快？也许老板的意思是三天，而下属认为一个星期干完就已经相当快了。如此"语焉不详"就会使上下级之间产生不必要的误会：老板觉得下属不够努力，而下属认为老板没有交代清楚，怨不得自己。所以，切勿用模棱两可的语句命令下属。

在下命令时，老板有必要向下属全面介绍相关工作的情况，这样有助于下属把握全局，发挥工作的主动性，更加出色地完成任务。但老板必须抓住问题的要点，向下属讲明：什么是他要做的，要达到什么样的目的，否则，下属会不清楚他具体负责什么事情。

很多时候，其实老板本人就没弄清楚命令中的要点是什么，所以自然无法向下属讲清其中的要点。向下属下命令之前，老板首先要认真思考工作的要点，做到心中有数，这样才能把握全局，合理调度。

如果无法让下属明确自己的意图，下属就很难圆满地完成工作。所以在下命令时，老板要注意五个基本原则：清楚、完整、简明、自信和正确。这五个原则基本概括了下命令的方式。老板应对照这五个原则的要求，找出自己存在的问题，并积极改正。

给下属下达命令并告诉他们做什么，是一种需要技巧的微妙艺术。在下达命令时，要注意以下六点。

（1）命令有无必要

老板在下命令前，尤应注意这个问题。在实际工作中，许多老板本人并没有弄清某些命令的必要性。

比如，在一项工作未明确之前，就安排下属去做相关工作，这种工作很可能就是无用的工作，相关的命令也是无用的命令。另外，有些老板见不得下属在工作时间没有事情做，于是就安排一些没有意义的工作让下属不停地忙碌，这也是无用的命令。所以，老板在下命令之前，认真地思考一下命令的必要性是十分重要的。

（2）正确传达命令意图

下达命令时，老板要正确地传达命令，不要经常变更命令；不要下一些过于抽象的命令，让下属无法掌握命令的目标；不要为了证明自己的权威而下命令。

（3）大声地下达命令

若你的声音太小，有可能被下属误以为你是在说一件并不重要的事，因此，你必须明确地表示：这是上司在向下属下达命令。

（4）态度和善，用词礼貌

作为老板，你在与下属沟通的时候可能会忘记使用一些礼貌用语，如“B，进来一下”“A，把文件送去复印一下”。这样的用语会让下属有一种被呼来唤去的感觉，缺少对他们的尊重。因此，为了改善和下属的关系，使他们感觉自己很受尊重，你不妨使用一些礼貌用语，例如，“B，请你进来一下”“A，麻烦你把文件送去复印一下”，等等。要记住，一位受人尊敬的老板，首先应该是一位懂得尊重他人的老板。

（5）不要超越权限

不要超越自己的权限主要指两个方面的权限。第一，不要对非自己的下属下命令。每个下属都有自己的直接老板，你如果不是他的直接老板，就不应该直接给他下命令。如果你确实需要该下属做一些工作，可以去找他的直接老板，通过直接老板来给他下命令。第二，不要对部门职责以外的事情下命令。每个部门都有自己的工作职责，你不应该命令自己的下属去做其他部门职责范围的事情。

（6）记下自己的命令

老板往往工作很忙，如果下属很多，有时会忘记自己下达的命令。为了避免这种情况的发生，老板应该将自己下达的命令记录下来，写明下达的对象、命令的内容、完成的标准及反馈时间等。

对于管理规范的公司，应该制作“管理控制表”之类的表格，让老板严格记录自己的命令，这种表格老板和下属各持一份，可作为对老板及下属进行工作考评的依据。这样做也有助于在工作出现问题时分清各自的责任。

一个老板每天可能要下很多命令，然而这些命令是否有效，直接影响到执行的效果。员工执行得好与坏，在一定程度上取决于老板下命令的方式方法。只有最恰当的命令，最正确的命令，才是最有效的命令。作为老板应精通此道，否则在工作中，就会走弯路。

领导力金言

> 发布命令要懂得一些技巧才行，只有最恰当的命令，最正确的命令，才是最有效的命令。

无形的企业文化，有形执行的有力保障

企业文化是指一个企业认可并推行的一系列价值观、行为方式与处理事情的原则，是企业的独特个性，是企业组织的一部分，是企业提高执行力的内在动力，是企业及成员的价值追求和精神动力的凝结，是企业基业长青的灵魂。执行力是影响企业成败的重要力量，也是区别企业平庸与卓越的重要标记。文化与执行，看似独立，却又息息相关，相辅相成，若能将二者完美结合，便能激发其无限的力量。

国际著名的战略发展研究机构——兰德公司通过长期研究发现，以企业理念、企业价值观为核心的企业文化，是企业最核心的

竞争力。他们还发现，优秀的企业文化在成功企业的发展过程中起着举足轻重的作用。任何一家成功的企业都有自己独特的文化，都有着非常明确的原则以及坚定的信念。这些原则和信念似乎很简单、很平常，但正是这些原则和信念成为推动企业发展的强大力量。

国际商用机器公司的经理要求每位成员都遵循三项基本的原则：尊重个人、争取最优、提供优质服务。这三条原则经过长期不懈的坚持，就形成了适合这个公司的企业文化。该公司的每一任经理对所有雇员一视同仁，任何下属，除非他或她一直达不到明确的标准或违犯道德准则，他将不会失去工作。白领、蓝领在这个公司没有什么差别。国际商用机器公司正是因为该公司的经理把适合该公司的企业文化搞得好且做到了随时代变迁而变化，终于保持了百年历史而长盛不衰。由此可见，企业的执行力是产生于企业文化之中的，同时它又反作用于企业文化，所以成功的企业应该将执行力融入企业文化之中。

企业文化是企业发展的深层推动力。在当今时代，企业的发展比任何时候都更需要文化的支持。任何一家想成功的企业，都必须充分认识到企业文化的必要性和不可估量的巨大作用，在市场竞争中依靠企业文化来带动生产力，从而提高企业的竞争力。拥有自己文化的企业未必都能成功，但没有自己文化的企业注定不会成功。

哈佛商学院通过对世界各国企业和组织的长期分析研究得出结论："一个企业本身特定的管理文化，即企业文化，是当代社会影响企业本身业绩的深层重要原因，判断企业文化是否会促进企业的发展和提高企业的竞争力的唯一准则就是该企业文化是否提高了企业的执行力。”

国际上那些大企业，如可口可乐、IBM，之所以能够成功，就是因为它们拥有具备执行力特征的企业文化。总部设在加州的惠普公司不但以其卓越的业绩跨入全球百家大公司的行列，更以其对人的重视、尊重与信任的企业文化闻名于世。作为大公司，惠普对员工有着极强的凝聚力。到惠普的任何机构，你都能感觉到惠普人对他们的工作是如何满足。这是一种友善、随和而很少压力的气氛。在挤满各阶层员工的自助餐厅中，用不了3美元，就可以享受到丰盛的午餐，笑声洋溢，仿佛置身在大学校园的餐厅中。

惠普的成功，靠的是“重视人”的宗旨，惠普重视人的宗旨源远流长，目前还在不断地自我更新。公司的目标总是一再重新修订，又重新印发给每位员工。每次都重申公司的宗旨：“组织之成就乃系每位同仁共同努力之结果。”然后，就要强调惠普对有创新精神的人承担的责任，这一直是驱使公司取得成功的动力。惠普的创建人比尔·休利特说：“惠普的政策和措施都是来自一种信念，就是相信惠普员工想把工作干好，有所创造。只要给他们提供适当的环境，他们就能做得更好。”这就是惠普之道。惠普之道就是关怀和尊重每个人和承认他们每个人的成就，个人的尊严和价值是惠普之道的一个重要因素。

惠普公司的成功相当程度上得益于它恒久的企业文化：惠普公司对员工的信任表现得最为清楚，实验室备品库就是存放电器和机械零件的地方，工程师们不但在工作中可以随意取用，而且还鼓励他们拿回家去供个人使用。惠普公司认为，不管工程师用这些设备做的事是否和他们手头从事的工作项目有关，反正他们无论是在工作岗位还是在家摆弄这些玩意儿，都能学到一些东西。因为它充分相信员工，公司员工才会与它有难同当、有福同享。归根到底，它是一种精神、一种理念，员工感到自己是整个集体中的一部分，而这个集体就是惠普。

在惠普有一个理论，在新招来的员工中，5 年后，大概只有 50%的人留下；10 年以后，大概只有 25%的人会留下。比如 10 年前惠普招了 4 个人，5 年以后就剩下 2 个人，10 年后就剩下 1 个人。“可是留下来的这个人，肯定已对惠普文化坚信不疑，行为举止也是惠普化的，这样的人肯定会帮助惠普做出很多有益的贡献。”惠普的成功，其企业文化发挥了至关重要的作用。

那么如何才能创造出像惠普的文化一样有执行力的企业文化呢？其实，任何企业文化的塑造都没有现成的模式可照搬，它都需要经历建造、修正、完善这一过程，并因时因势地不断创新。但是，这并不是说无章可循，因为任何成功的企业文化都有一个共同特征，就是它一定是围绕企业执行力创建的。

领导大师约翰·科特说过：“只要你是成功者，你就会有一种企业文化，不管你是否想要。而没有企业文化的，只能是那些长期以来不断失败，而且预兆着继续失败的公司。”执行力的关键在于通过企业文化来影响员工的行为，因此，营造一个适合企业自身执行力的文化，就显得尤为重要。如果一个企业没有自己独特的价值观、行为规范、办事作风，那么这个企业就很难发展壮大。

领导力金言

> 任何企业文化的塑造都没有现成的模式可照搬，它都需要经历建造、修正、完善这一过程，并因时因势地不断创新，但一定是围绕企业执行力创建的。

推动执行的大船，需要服从的风浪

毕业于西点军校的沃尔玛创始人沃尔顿经常说："没有服从就没有执行，团队运作的前提条件就是服从。我们要的不是和公司制度作对的员工，而是服从制度与决策，第一时间完成任务的员工。"

服从是执行的第一步，要求所有团队成员暂时放弃个人的独立自主，恪守职业道德，遵守公司制度，听从上级决策，并立即遵照指示做事，力求第一时间圆满完成任务。

当然，员工的服从不是盲目的，而是建立在尊重与信任基础上。

有一个下属这样说自己的经理，他从来不直接以命令的口气来指挥别人，每次他总是先将自己的想法讲给对方听，然后问道："你觉得这样做合适吗？"当他做一个决定的时候，经常会在陈述自己的观点后，询问在座的部门负责人："你们认为这样决定如何？"如果他觉得助手起草的文件需要改动，便会用征询、商量的口气说："我们把这句话改成这样……也许会比较好一点。"他是在给人参与的机会，总是和大家一起商量并做出决策。这样的态度，使员工不由自主地服从他，就算有时他的意见是难以实现的，员工也会一口答应下来。

事实上，仅仅依靠指令和粗暴的命令是不成熟的团队领导的标志，员工除了不情愿地屈从，再也得不到什么，在这种情况下按照团队领导的决策执行任务，会有很多的抱怨和不满。基于此，团队领导的成败，在很大程度上也取决于能否让员工心甘情愿地服从指示。

由于生产任务繁重，顾不上搞卫生，某企业的生产车间比较脏乱。一天，经理来车间检查工作，看到车间的脏乱情况后感到十分不满，生气地把车间主任训斥了一顿。车间主任也不高兴地表示，工人们忙得连上厕所的时间都没有，哪有时间搞卫生。

经理觉得车间主任说得也不无道理，只得憋着一肚子气离开了。

第二天早上，公司老总有事来车间，也发现了这个情况。他在车间里巡视了一番，然后对车间主任说："最近你们忙坏了吧？"

车间主任说："是啊，还好就快干完了。"

老总趁机说道："我感觉车间里好像有点乱，你看能不能抽时间找人收拾收拾？"

车间主任爽快地答应下来。

日本松下电器公司的创始人松下幸之助曾表示："不论是企业还是团体的领导者，要使属下高高兴兴、自动自发地做事，我认为最重要的是，要在用人和被用人之间，建立双向的，也就是精神与精神、心与心的契合和沟通。"

所以，要想让员工自愿服从工作安排，以下几个细节值得团队领导注意：

1. 放平语气，不要颐指气使

有些团队领导有事就扯着大嗓门对下属吼，自认为这是雷厉风行的表现，能产生好的效果，其实恰恰相反，这样的举动非常令人反感。

2. 沟通时多用“请”字

请是一种温和的要求，作为团队领导，要求下属做某件事实属正常，但若领导者懂得用“请”字，那么下属会受宠若惊，感觉受到了尊重。比如让下属收拾办公桌，说“请大家把办公桌收拾一下”，就比“把办公桌收拾一下”的效果好。

3. 沟通时多询问下属的看法

所谓沟通，讲究的是互动，当你说出自己的想法之后，下属不一定会认同你，因为他们可能有自己的想法。这个时候，你不妨用征询的口吻问道：“你是怎么想的？”引导他说出来，便于双方更好地沟通。

4. 用建议的口吻下达命令

下达命令是很常见的管理行为，但我们应该知道，没有谁喜欢被呼来唤去，因此，向下属下达命令时，不妨这样说：“你是否可以抽个时间把车间收拾一下呢？”这样下属更愿意接受你的建议。

执行力包含完成任务的意愿、完成任务的能力，以及完成任务的程度。在有效执行的各项条件都具备的前提下，只有各级执行人的接受性、服从性、有效性和灵活性也都具备的情况下，才有可能将一件事、一项任务执行好。在执行过程中，要求执行人严格并灵活把握“服从—执行—自主决策—协调—审结—反馈”这一基本程序，遵循“指挥—汇报链”的原则，这样才能真正贯彻领导意图，真正称之为有效执行。

领导力金言

没有服从就没有执行，团队运作的前提条件就是服从，但员工的服从不是盲目的，而是建立在尊重与信任基础上的。

细节成就完美

2003年1月16日，美国“哥伦比亚”号航天飞机升空80秒后发生爆炸，全世界人民为这一突发事件感到震惊。为什么会发生这一意外事件呢？美国的航天飞机的整体性能等很多技术标准在当时都是一流的，美国宇航局负责航天飞机升空计划的官员罗恩·迪特莫尔也是个经验丰富的优秀专家，他曾经在美国宇航局工作了26年，并已担任过4年的航天飞机计划主管，这是他从未遇到过也从未想到的大灾难。

事后专家调查组经过调查发现，摧毁价值连城的航天飞机和7条宝贵生命的元凶竟然是一小块脱落的泡沫！一个小小细节上的失误居然会有如此大的破坏力。这给人们上了生动的一堂课：在执行环节必须细致到位。执行任务绝不像做算术题“100−1=99”这么简单，在很多情况下，如果执行者疏忽了一个细节，前期所有的努力都将付诸东流：一百次决策，有一次失败，就可能导致企业破产；一百次经济预测有一次失误，企业就可能陷入绝境；一百件产品有一件不合格，就可能失去整个市场……

世上不可能有真正的完美，但应该有一个追求完美的心态，并将其作为工作习惯。目前，很多企业虽然有远大的目标，但在具体实施时，由于缺乏对完美的执着追求，事事以为“差不多”便可，结果是：由于执行的偏差，导致许多“差不多的计划”到最后一个环节时已经变得面目全非。

企业经常面对的都是看似琐碎、简单的事情，却最容易忽略。其实，无论企业也好，个人也好，无论有怎样辉煌的目标，如果在每一个环节、每一个细节处理上不能够到位，都会导致最终的失败。只有“大处着眼，小处着手”，才能达到管理的最高境界。

沃尔玛是世界“零售第一巨头”，他们对服务细节的完美追求让人瞩目。就拿员工微笑的标准来说，沃尔玛规定，员工要对 3 米以内的顾客微笑，甚至还有个量化的标准：“微笑时要露出 8 颗牙齿”；为提高服务水平，还规定员工回答顾客提问时，永远不要说“不知道”。沃尔玛曾经以天天平价著称，但今天我们真正去买它的东西时发现其实也便宜不了多少，今日强大的沃尔玛帝国的成功，就是因为它注重了一些微小的细节。

我们不缺少雄韬伟略的战略家，缺少的是精益求精的执行者；也绝不缺少各类管理规章制度，缺少的是对制度条款不折不扣的执行力。但现实中有诸多领导者对细节不够执着，对细节欠缺强有力的执行力度。要么是对细节视而不见，从不细究，要么是想到了却敷衍了事，没有养成一种习惯。

其实，企业核心竞争力的大小往往取决于企业要素中最薄弱的细节，小事成就大事，细节成就完美。凡事无小事，简单不等于容易，只有花大力气，把小事做细，才能把事情做好。这也是所谓的“木桶理论”，而细节管理又是难以复制的。企业要想做大做强，必须从产品设计、价格政策、渠道建设、品牌培植、技术开发、财务监控、员工培训、文化理念、战略定位等各方面严格控制任何一个细节，因为任何一个细节的薄弱都有可能导致企业的最终失败。

有一家乳制品企业的经理非常注重产品的宣传推广工作，在宣传方面投入了大量的资金，他还购买了100辆崭新的送奶车，这100辆车都是统一的车型、统一的颜色，并且在车身上制作了醒目的品牌标志。这100辆车每天都穿梭在城市的大街小巷执行送奶任务，很是威风。即使不执行任务也会空着车在马路上兜上几圈，进行一下企业宣传。这种做法还挺有效，很多市民都选择了这个牌子的牛奶，但是后来人们都抛弃了这个牌子。

原来，这些送奶车开得时间长了，都忽视了清洗，车身上都沾满了油污，有些车厢表层的油漆大片脱落，但还像原来一样在马路上开来开去，人们受到这样的视觉刺激，早就没有了胃口，还由此会联想到这样不注重卫生的企业生产出来的牛奶能达标吗？就这样，一个企业的经济效益仅仅因为一个被忽视了的细节而受到很大影响。

想做大事的人很多，愿意把小事做细的人很少，但大量的工作都是一些琐碎、繁杂、细小事务的重复，所以，我们只能从基层做起，不能眼高手低。浮躁应被扎实所代替，冲动应被理智所折服，这才是成就大事不可缺少的基础。

领导力金言

如果缺乏对完美的执着追求，事事以为“差不多”即可，便会由于执行的偏差，导致许多“差不多的计划”到最后一个环节时已经变得面目全非。

没有执行力就没有竞争力

美国总统麦金莱要求安德鲁·罗文将信送给加西亚，安德鲁·罗文克服了种种难以想象的困难，最后终于圆满地完成了这项神圣使命。安德鲁·罗文因此而被世人所称颂。但是，如果安德鲁·罗文当时不能执行这项任务，那么这项任务的价值就等于零。

在企业同样如此，如果制定了制度而不去执行，做出了决策而不去实施，同样是毫无意义。要知道：没有执行力，就没有竞争力！

1. 立即执行，决不拖延

很多时候，员工执行不力的原因在于拖延。一个企业，当领导者制定了制度或做出了决策时，影响这些制度或决策实施的，往往是员工长期以来在不知不觉中养成的拖延的恶习。

这里不妨举个简单的例子：一个企业的考核制度是规定每个月的最后一天提交工作报表。但是拖延的恶习让很多员工拖到下个月，这一恶习导致的结果是直接影响了领导对于每个人工作进展的判断，不能很快制订出新的工作计划，导致了企业的整体工作安排向后顺延，直接制约了企业发展。

因此，立即落实制度规定的每一项工作细节，决不拖延上级布置的每一个工作任务，是卓越员工必须具备的执行素质之一。

《财富》全球最有影响力商业人士排行榜中，埃克森美孚石油公司董事会主席兼总裁李·雷蒙德的名字常名列前茅。

有人说，李·雷蒙德是工业史上绝顶聪明的总裁之一，是继洛克菲勒之后最成功的石油公司总裁，因为没有人能够像他一样，令一家超级公司的股息连续21年不断攀升，并且成为世界上最赚钱的一台机器。

李·雷蒙德的人生信条就是：决不拖延！在他的影响下，这一信条已经成为他所在公司秉持的理念之一。埃克森美孚石油公司之所以能跃升为全球利润最高的公司，离不开埃克森公司和美孚公司的携手，更离不开一支决不拖延的员工队伍。

李·雷蒙德的一位下属曾经这样解释这一理念：拖延时间常常是少数员工逃避现实、自欺欺人的表现。然而，无论我们是否在拖延时间，我们的工作都必须由我们自己去完成。通过暂时逃避现实，从暂时的遗忘中获得片刻的轻松，这并不是根本的解决方法。要知道，因为拖延或者其他因素而导致工作业绩下滑的员工，就是公司裁员的必然对象。必须记住的是，没有什么人会为我们承担拖延的损失，拖延的后果只有我们自己承担。如此一来，我们就可能在一个庞大的公司里，创造出每一个员工都不拖延哪怕半秒钟时间的奇迹。

须知，决不拖延，今天该做的事一定要在今天完成，这才是真正有效的执行！

如果你有遇事拖延的习惯，不妨做一个自我分析，具体有如下几个步骤：

第一步，记下一件你拖延的事情。既然你有拖延的习惯，那你拖延的事情肯定不止一件，你不妨先写下自己认为最重要的那件事情。

第二步，自己反问一下，假如继续拖延下去，不采取行动，会造成什么样的后果。

第三步，想一下，如果你现在采取行动，完成这件事情，会对你有什么好处。这和第二步正好相反，这些好处会给你采取行动增加动力。

第四步，马上行动！

千万不要认为这样做没有什么效果，事实上并不是所有人在拖延时都曾认真考虑过这样做的后果到底有多严重。从很多被降职或被辞退的人那里看到后悔的神情时就可以知道这一点：如果早知道会被降职或辞退，就不会拖延执行了。

因此，无论如何，最重要的一件事情是：你必须采取行动，不要把事情留到明天。

2. 百分之百地执行

没有执行力，就没有竞争力，因此执行力也是企业的生存力。一旦计划、制度已经出台，我们就要百分之百地执行到底。在执行制度完成工作时，除了追求速度之外，还要追求质量。速度和质量，是衡量员工执行能力的两大标准。只有每个员工都能百分之百地执行既定计划和制度，都能高效高质地完成工作，企业才能更快速地前进，每个员工也会因此受益匪浅。

下面是一位房地产老总的一次亲身经历：

“一个与我们合作的外资公司的工程师，要拍合作项目的全景，本来在楼上就可以拍到，但他硬是徒步走了两千米爬到一座山上，连周围的景观都拍得很到位。

“当时我问他为什么要这么做，他只回答了一句：‘回去董事会成员会向我提问，我要把这整个项目的情况告诉他们才算完成任务，不然就是工作没做到位。’”

这位工程师的个人信条就是：我要做的事情，不会让任何人操心。任何事情，只有做到100%才是合格，99%都是不合格。

百分之百执行的另一个表达方式是：结果决定一切。即使你在工作中付出了很多努力，但是最终没有完成任务，还是等于没有执行。所以你必须明白，自己需要做的事情不是向别人说明自己有多辛苦，而是要认真反思，看是不是有什么更好的方法可以完成任务。用结果来评判执行力，是对一个人执行力的最佳评价方法。

百事可乐就是这样一个以“结果决定员工成就”的公司。百事可乐推崇一种深入持久的“执行力”文化，强调员工“主动执行”公司的任务，百分之百地去完成它。那些业绩优秀的员工总是能得到公司的嘉奖，而那些业绩不佳的员工则会被淘汰。这种以“结果论成败”的企业文化塑造了一支有着坚强战斗力的员工队伍。在激烈的市场竞争中，百事可乐终于渐渐从市场中脱颖而出，并且成为唯一可以和可口可乐抗衡的对手。

要做到百分之百执行，你就必须从以下三个方面着手。

（1）要严格要求自己。如果你只是希望在一个公司里混，能够保住饭碗，而不求上进，那么你很难做到百分之百执行。一个人成功与否在于他是不是做什么都力求做到最好。成功者无论从事什么工作，他都绝对不会轻率疏忽。因此，在工作中你应该以最高的标准要求自己。能做到最好，就必须做到最好。

（2）要牢记使命。很多人之所以不能做到百分之百执行，一个很重要的原因就在于他常常忘记了自己肩负的任务。

（3）要做到尽力而为。在很多时候，你之所以没有做到百分之百执行，原因不在于你的专业能力不够，而是你没有竭尽全力。

执行力是推动工作、落实制度的前提。制度制定、决策下达之后，关键是要执行，再好的制度和决策，如果没有人去执行或执行不到位也是没有用的。因此，作为企业的领导者，你的工作必须着眼在有效的执行上。

领导力金言

如果制定了制度而不去执行，做出了决策而不去实施，同样是毫无意义。

坚持放权，扮演“监督”的配角

信任，是一门用人和领导的艺术。信任和尊重可以让人的精神受到莫大鼓舞，激发其事业心和责任感。只有领导信任下属，下属才会更加信任领导，而且还会产生一种忠心，使领导的意图可以更加正确而通畅地实现。高明的管理者授权之后，会充分相信下属的能力，下达命令之后不会再过问细节，给下属充分的自由空间，真正做到“用人不疑”。

授权和信任密不可分，如果身为管理者不相信自己授权的下属，那么被授权的下属自然更难相信管理者。在这种情况下，即使完成了授权，也会形同虚设。一些管理者一边授权给下属，一边不放心下属，担心其能力不够，无法胜任，还担心下属无能，其他有能力的人会对自己产生怀疑。这样就产生了越级指挥的情况，干涉被授权者的具体业务甚至听信谗言，公开怀疑被授权者等。凡此种种，都会挫伤被授权者的积极性，不利于被授权者进行创造性的工作。

约翰是一家公司生产部门的经理，老板把公司当月的生产计划交给了他，让他全权负责生产计划的实施。从人员的调配到原料的供给和机器的使用，全由他来指挥。约翰十分兴奋，觉得老板重视自己，认可了自己的能力。接受任务之后，他很快就根据生产计划来安排人员、原料和机器，各项工作开展得非常顺利。

一周之后，老板来检查工作，发现一周的生产量已经达到了生产计划的三分之一，于是责怪约翰说："你是怎么搞的，一周生产这么多，如果生产人员过度劳累怎么办，机器过度磨损又怎么办？"约翰十分郁闷，但只能接受批评。

到了第二周，老板发现约翰的工作汇报中，本周的生产量比上一周下降了五分之一，又批评约翰说："你是怎么搞的，生产量下降了这么多，你再不加强管理，计划就没法按时完成了！"

约翰十分无奈，本来他信心十足地接受了工作，全权负责生产计划，但是竟然连续挨批。由此，他开始怀疑老板是不是出自真心让他负责这份工作。显然，这个全权负责只是徒有其名，根本没有决定的权力。于是，第三周的工作他不再自己做决定，先请示老板如何安排生产。

授权是每一个管理者的必修课，也是很多管理者一直对下属做的事情。但是，有一点需要注意，那就是授权之后还对授权者指手画脚。因为，这样做会让下属觉得管理者不信任自己，不仅起不到授权的作用，还会使被授权人失去工作的积极性，变得消极怠工。如果出现这种状况，显然得不偿失。

其实，约翰的老板并不是想插手约翰的工作，只是想监督一下，让下属更好地完成生产计划。但是由于方法不妥，结果让约翰产生了不被信任的感觉。结果，约翰失去了工作的积极性，工作受到了消极影响，预先的授权安排也名存实亡。

管理者在授权之前，一定要想到任何可能出现的情况，做出正确而及时的决策。那些缺乏预见能力和对失败的因素估计不充分的管理人员，常常遭到失败。在你做出最后决定之前，最好要向你的下属征求一下意见，听听他们对领导决策、决定的看法，吸取一下大家的经验和思想。在听取了众人的意见之后，领导者才容易赢得下属的全力支持，并带动大家坚定地执行高层的命令。

高明的管理者在把权力下放到下属之后，既能检查督促下属的工作，又不会给他们不受重视的感觉，从而不会让下属感到有名无权。因此，领导者授权给被授权者，一定要注意：既然对方有能力，就让他大胆发挥手中的权力，施展个人才华；一旦工作中遇到难题，就要在恰当的时候给予指点。

千万不要直接向下属的下属宣布你的命令，这样会使下属夹在中间左右为难。通常，你只需要向下属下达命令即可，万万不可越俎代庖。而且，形势不是一成不变的，意外随时可能发生，你要鼓励下属独立对当前的形势做出自己的判断，当出现错误或者有什么意外事件发生时，要及时重新制订适应新情况的计划。

领导者务必牢记一点，你的决定会产生长远的影响。坐在管理者的位子上，仅仅考虑当前的利益和作用是不够的，必须做好全局安排、具备前瞻性的眼光。而且，一旦下达了命令，就要坚持放权，让大家去执行，你只需扮演好监督者的角色即可。因为，大部分有能力的人的自尊心和荣誉感都很强，他们想要通过努力去完成工作或者是事业，达成自己的愿望和要求。这种情况下，身为领导者要充分相信下属，授权之后就让他们放手在职权所在范围内处理问题，让他们做到有真正的权力，发挥他们的创造性来更好地完成工作。领导者在下达命令之后，除了一些必要的工作上的指导和检查之外，就不要再指手画脚地干涉被授权人的工作。而如果下属的自尊心被领导伤害，那么本能地就会出现排斥的心理以及消极的情绪，影响到工作和周围的同事。

领导力金言

领导者授权给被授权者，一定要注意：既然对方有能力，就让他大胆发挥手中的权力，施展个人才华；一旦工作中遇到难题，还要在恰当的时候给予指点。

授权的收放自如，就像放风筝

若想成为一名优秀的领导就必须做好谋划，对于自己手中权力的管理，应该像放风筝一样，既要有“收”也要有“放”，灵活运用。

放，要给下属留有自主的空间，收，要及时监督，不能让下属为所欲为，背离自己的初衷。一手软、一手硬，一手放权、一手监督，只有这样，领导才算深谙放权之道。

《韩非子》里有这样一则故事：鲁国有个人叫阳虎，他经常说："君主如果圣明，当臣子的就会尽心效忠，不敢有二心；君主若是昏庸，臣子就敷衍应酬，甚至心怀鬼胎，但表面上虚与委蛇，然而暗中欺君而谋私利。"阳虎这番话触怒了鲁君，因此他被驱逐出境。他跑到齐国，齐侯并不重用他，他又跑到晋国，赵简子十分赏识他的才能，拜他为相。

近臣向赵简子劝谏说："听说阳虎私心颇重，怎能用这种人管理朝政？"赵简子答道："阳虎或许会寻机谋私，但我会小心监视，防止他这样做，只要我拥有不致被臣下篡权的力量，他岂能得遂所愿？"赵简子在一定程度上控制着阳虎，使他不敢有所逾越；阳虎则在相位上施展自己的抱负和才能，终使赵氏威震四方。

一个领导，即使他有再大的精力和才干，也不可能把所有的职权紧抓不放而事事躬亲，他总是需要把部分职权交给下属，让大家来共同承担责任。有的领导每次向部下交代任务时都会说："这项工作就全拜托你了，一切都由你做主，不必向我请示，只要在月底前告诉我一声就可以了。"这种授权法会让部下感到：无论我怎么处理，老板都无所谓。就算是最后做好了，也没什么意思。老板把这样的任务交给我，分明是小看我！

不负责任地下放职权，不仅不会激发下属的积极性和创造性，反而会适得其反，引起他们的不满。

授权就像放风筝，要给它足够的空间去翱翔。但是领导者必须继续定期检查，以确保工作任务在正确的轨道上运行。领导在向下属授权的同时，必须懂得控权的艺术，如果光会授权不会控权，授出的权力就会像脱缰的野马，很难收回来，失控的权力还有可能造成一些不良的后果。如果能掌握以下控制权力的技巧，在工作实践中一般就能处理好权力收放的问题。

1. 议大事，控全局

领导授权的根本目的是保证整体目标的实现。因此，授权以后的领导，就要把主要精力放在议大事、控全局上，时时综观全局的各个过程，及时掌握变化中的新情况，发现决策和执行中出现的偏差、矛盾和问题，并对出现的偏离目标的局部现象进行协调、纠正。

2. 宽严相济，恩威并重

宽严相济强调的是：领导在控制下级权力时，既不能过宽也不能过严，要宽严适度。既不能使下属轻举妄动，又不使下属束手束脚、顾虑重重。既能大胆放手，使下属有所作为，又能把握方向，宏观控制，使下属有所不为。

恩威并重强调的是：在实施控制时，既要施之以恩、施之以德、感化影响、说服指导，从而赢得部属的信赖；又要施之以威、施之以权、奖优罚劣，使部属有敬畏之感。

3. 对下属应多加引导

授权后，领导者要善于发挥导向作用，根据形势的发展，为下属提供切合实际的观点、方法和措施。当下属在工作中出现失误时，领导者应善意地加以引导和启发，帮助其改正，绝不能多加指责。如果确实发现下属的工作有严重问题，不能履行其职责，领导者就要马上采取措施，或派人接管，或把权力收回。这就是高明的授权法，既下放一定的权力给部下，又不给他们以不受重视的感觉；既检查督促部下的工作，又不使部下感到有名无权。

“授权就像放风筝，部属能力弱，线就要收一收，部属能力强了就要放一放。”

这句话就非常形象地阐明了授权的艺术。它的意思很明确，即有效授权要看对象，要根据下属的能力去授权。领导者向下属授什么权、授多大权，要根据下属能力的高低而定。授权就像放风筝，只要掌握了一定的尺度，风筝就可以尽情地在广袤的天际间自由飞翔。因此，授权之前，领导者应对被授权的对象、分配工作的难易程度及工作要求这三个方面进行全面、仔细的分析，以便把适宜的权力与责任授予最合适的人选。

领导力金言

> 授权就像放风筝，要给它足够的空间去翱翔，但是领导者必须继续定期检查，以确保工作任务在正确的轨道上运行。

喊破嗓子，不如甩开膀子

“干着指挥”是一种无声的命令。这种命令甚至比有声的、文字的命令更有效，更有威力。这种威力，不是靠领导者手中的权力，不是强制力，而是靠领导者的非权力影响力，是一种最高超的指挥。

在日常工作中，如果领导者能参加一些极平常的劳动，比如打扫卫生、装订文件、整理报纸等，或者一些突击性的活动，它对下属就会产生一种吸引力，下属就会自觉地跟着领导奋斗，无声的命令就是这么产生的。

尽管从分工来说，这些工作属于下属工作人员，但你绝对不要认为与自己无关。如果你能"就势"帮助下属做这些事情，下属会感到被重视。同时，你又会给下属一种亲切感，使他感到你平易近人的一面，更乐意追随你工作，甚至会在危难之际为你分忧解愁，出谋划策。

身为领导如果仅仅是"站着指挥"，慢慢与下属就会产生一种无形的距离，甚至一道鸿沟，指挥就会失去威力，甚至会完全失灵。即使目前仍在你的手下工作，也只是暂时性地混着日子，时刻在等待跳槽时机。

领导者与下属之间，本来就是组织、指挥和服从、照办的关系。如果你组织得好，指挥得当，你就是一个好的领导者，一个让下属乐意效力的人。领导者所负的责任越大，"调摆"的任务也就越大，所以越是高级的领导者，在指挥下属工作的时候，越爱"干着指挥"，也就越能激发下属的积极性。

领导力金言

"干着指挥"的威力，不是靠领导者手中的权力，不是强制力，而是靠领导者的非权力影响力，是一种最高超的指挥。

LEADERSHIP

第六章

恩威并施巧变通，嘘寒问暖两相亲

其身正，不令而行；其身不正，虽令不从

正人先正己，做事先做人，管理之道正是如此，职权只能使下属服权而不服人，口服而心不服，产生的威信极其脆弱。所谓上行下效，领导者无论职位多高、权力多大、资历多深，都应该要求别人做到的自己先做到，带好头、树好榜样，这样才能树立起威望，增强执行力，提高管理效率，才能赢得下属的信任与追随，这种强大的影响力和号召力是任何法定权力都无法与之相比的。

美国西点军校因为培养出麦克阿瑟、艾森豪威尔、巴顿、格兰特等优秀人物而被誉为将军和总统的摇篮，成为全球最著名的军事院校。除此之外，西点军校还“不务正业”，培养出了先后在世界500强企业中任职的1 000多位董事长、2 000多位副董事长和5 000多位总经理。

与哈佛、沃顿、麻省理工、斯坦福、耶鲁这些全球知名商学院相比，西点军校没有开设财务管理、市场营销等专业工商学科，却为何比这些学校更厉害呢？这主要是因为西点军校培养出来的学生具有强大的领导力，这就是它能产生那么多将军和总统的原因。这些学生的领导力又来自哪里呢？这主要得益于西点军校对于领导力有着与众不同的观念。

不少人看来，只要当上了官，特别是当了一把手，自己说的话就成文件了，就自然而然具有不可撼动的领导力。但西点军校对领导力的界定却不是这样的。他们认为：领导力不是法定权力，而是

一个过程，在这个过程中，领导者的行为、能力、品位、风格必须影响追随者的需求、价值、追求、渴望，这样才能在下级面前塑造形象、树立威信，产生强烈的凝聚力和感召力，从而激发出部属的敬佩感、信赖感和服从感，领导者像磁石一样吸引着部下，成为他们学习的榜样、仿效的楷模和崇拜的对象。这是任何法定权力都无法比拟的一种强大的影响力和号召力。

巴顿，作为美军历史上最善战的装甲部队指挥官，他如此能打仗的原因成了很多人研究的问题。巴顿传记作家小埃德加·普里尔道出了其中的奥秘，他说："巴顿作为统帅人物，其最大的特点是以他本人的尚武精神去激励部下。他用自己的个性成功地影响了整个部队。尽管部属们有时恨他，但仍然能够仿效他的言行，像他那样思索和战斗。"

"其身正，不令而行；其身不正，虽令不从"，《论语》中的这句话也是对领导力的一种注解。意思是，只要自己的行为端正，即使不下任何命令，部下也会遵从执行；如果自己的行为不端正，那么无论制定什么政策规章，部下也不会遵从执行。

正人先正己，这是自古以来为政、为将、为教者的准则及其号召力之所在。因为领导者的一言一行，时时处处都处于下属的关心之中，领导者只有时时刻刻、事事处处为下属带好头、树好榜样，做到严于律己，率先垂范，这样才有威信，才能赢得下属的信任，这是作为一个领导最起码的条件。

玛丽·凯·阿什也许是当今世界上最牛的女企业家，她非常重视领导者在员工中的榜样作用。她说："一个部门的负责人，其行为受到整个工作部门员工的关注。人们往往模仿经理的工作习惯和修养，而不管其工作习惯和修养的好坏。假如一个经理常常迟到，吃完午饭后迟迟不回办公室，打起私人电话来没完没了，不时因喝咖啡而中断工作，一天到晚眼睛直盯着墙上的挂钟，那么，他的部下大概也会如法炮制。不过，员工们也会模仿一个经理的好习惯。例如，他习惯在下班前把办公桌清理一下，把没干完的工作装进包里带回家，坚持当天的事当天做完。尽管他从未要求过他的助手和秘书也这样做，但是她们每天下班时，也常提着包回家。作为一个经理，重任在肩，职位越高就越应重视给人留下好的印象。因为经理总是处于众目睽睽之下，所以你在做任何事情时都务必考虑到这一点。以身作则的好处是，过不了多久，你的部下就会照着你的样子去做。”

领导力金言

领导者的一言一行，时时处处都处于下属的关心之中，领导者只有时时刻刻、事事处处为下属带好头、树好榜样，做到严于律己，率先垂范，这样才有威信，才能赢得下属的信任。

发挥威信的磁铁效应

为什么有许多员工在没有加班费的情况下仍然愿意辛苦加班？为什么你的团队会为你所设定的目标全力冲刺？为什么总有一批人会为你毫不保留地奉献其所有的才智……多年来，人们一直不断思索着这些问题，终于得到这样一个答案：因为这样的管理者在下属眼里具有99%的个人威信！

管理者的作用，就是把威信发挥到极致，影响他人合作从而实现既定的目标。一个人之所以为他的上司或组织卖力工作，绝大多数的原因是上司拥有的个人威信像磁铁一般征服了大家的心，激励大家勇往直前。

曾经听到一位下属推崇他的经理说："只要和王总在一起待上一分钟，你就能感受到他所散发出来的动力。我之所以如此卖命努力，是因为王总本身的威信使然。"

威信远胜过权力。要成为一个优秀的管理者，就要有高超的驾驭下属的能力，与其做一位实权在手的经理，不如做一位浑身散发无比"威信"的管理者。除非我们具备了相当程度的威信和影响力，否则将很难赢得下属的信赖和忠心。

曾有一位颇有见地的企业经理，在研讨会里单刀直入地告诉职员："在现实世界里，众所皆知的一流管理者，无一例外地都具有一种罕见的人格特质，他们处处展现出威信领袖的风范。他们不但能激发下属们的工作意愿，又具有高超的沟通能力，动之以情，晓之以理，浑身散发出热情，尤其重要的是，他带领团队屡创佳绩，拥有一连串骄人的辉煌成就。运用奖赏力与强制力来管理，也许有效，但是如果你要提高自己的威信，赢得众人的尊重和喜爱，我建议你们要尽最大努力去影响和争取下属的心。假如你们之中谁能做到这点，谁就能成为一位成功的经理人，而且也可能完成许多不可能完成的任务。"

说到威信，首先要谈到的一点就是修养，这也是每一个想在员工心中建立威信的管理者必须重视的问题。威信不是靠发飙或者要威风得来的，在下属心目中，一个平时说话和声细语的管理者反而比动辄大喊大叫的管理者更有威信。为什么？这就是修养的力量。有修养的管理者，可以对下属产生一定的引导作用。如果管理者自身品德不良，却去纠正下属品德不良，员工怎么可能会服从？他只会觉得管理者表里不一，反而更难接受。

试想一下，一个在开会或者给员工培训时能把自己手机关掉，在下属有问题时不管问题多么幼稚都能详细解答，做什么事情都公正无私，从来不把私人事情带到工作中来的管理者，怎么可能得不到下属的尊敬和服从呢？当然，管理者的修养并不仅仅包含这几个方面，修养的含义实际上非常广泛，但管理者若想以自己的良好修养在员工心中发挥影响力，以下三个方面是最有效的着手点。

1. 人品正直

美国管理协会曾邀请一组学术人士和专家描述21世纪商界最完美的管理者形象，结果人们发现“正直”是最重要的要素。在管理者和下属之间如果没有基本的信任，即便管理者非常恰当地使用了其他领导原则，那么他也永远是一个值得怀疑的领导，并且会举步维艰。“正直”意味着做该做的事情。对于任何企业来说，缺乏“正直”都可能会产生非常糟糕的后果。有时某些团体之所以获得成功，仅仅是因为其领导保持了绝对的“正直”。

兰兹・恩德公司是一个拥有上亿美元资产的大公司，前几年因一些原因陷入了困境。当时纸张的价格翻了一番，但需求刷跌，邮费上涨。因此，第三季度公司的利润下降了60%，并且仍在下降之中。公司顾问建议公司总裁，31岁的史密斯解雇下属，从而取悦股东，提升股票价格。史密斯认为这涉及“正直”问题。在形势变得严峻的时候，通过裁员使自己舒坦，这不是该做的事。因此，他反其道而行之，增加受益。增加什么类型的受益呢？他增加了对孤儿院和精神病院的资助，兼职下属也得到了全额的医疗保险。他拒绝解雇任何人，史密斯对此解释道："如果人们感到受压榨了，他们也将不会很好地对待顾客。"那么，如此做的结果如何呢？次年第一季度的利润比上年翻了3番，达440万美元，销售额增长了23%，兰兹·恩德公司所持有的股票价格也增长了85%。

作为出色的管理者，你要想赢得信赖就必须公正地对待你的所有下属，而不去考虑他们的能力、地位。雇员愿意为这样的领导工作。你应该努力成为一个正直的人，永远开诚布公，公平公正、光明正大。如果你赢得这样的声誉，那么，你的大多数下属将会以同样的态度做出反应，他们也将公平、正直地对待你，在所有交往中都光明正大。

2. 不在背后批评议论下属

人人都希望在工作岗位上互相帮助，取长补短，愉快地工作。但是这种和谐的群体气氛，常会被一些无聊的小事所破坏，使大家的心里蒙上一层阴云。

当某人不在场时对其说三道四，这是破坏群体和谐的大敌。虽然言者未必怀有恶意，但一旦被受议论者听到后，足以使其伤透心。人类最难控制的器官是舌头，最难压抑的欲望是说话。想要堵住一个人的嘴巴，恐怕是不可能的。更何况这些背后议论的话语几经相传，最后被本人听见时，已经是恶意话语之集大成了。相形之下，被议论者对那些背后议论者的反感和气愤程度，是可以想象的。随之而来会产生永远不再与那些议论自己的人说话、共事的想法，也是毫不奇怪的。这样一来，和谐的群体气氛必然遭到破坏。

某人不在场时，绝对不要对这个人的行为做任何不负责任的评论。这是作为组织中的一员应有的基本修养。哪怕是没有一点恶意的议论，也是绝对不允许的。因为这会给集体造成难以估量的损失。如果真想给某人提批评意见，最好和他本人面对面单独进行，在没有他人参加的场合下，有条有理、心平气和地交谈。既然讲的目的完全是为了他好，那么，就应该在没有他人的场合讲。随便轻率地说话，或单纯为了发泄私愤而信口开河，都是一个人不成熟的体现。尤其是酒后言谈更需要谨慎。有的人想得简单，认为酒后说出来的话一般人记不住，然而恰好相反，别人会记得分外清楚。总之，不论在哪种情况下，不谈论不在场的人，应该成为每个人的行为准则。

其实，喜好拨弄是非、在背后议论人的人，大都是些言谈轻率、轻易就给一个人下结论，或是言语偏激、发泄私愤的人。对待这种人，需要抓住证据，耐心教育，让他们认识到，这种行为只能使亲者痛仇者快，充当的只能是破坏组织或公司团结的角色。需要告诫这种人“下不为例”。如果经过这样的教育那人仍不改，就意味着这人存在本质问题，必须采取其他措施加以解决。至于在背后赞美他人，就是一个例外了，被你赞美的人应该越多越好。因为这种语言是改善人际关系的一种润滑剂。本人即使间接听到了，也会对说话的人存有好感。

3. 控制情绪，不随便对下属发火

领导者不要动辄因为下属的言谈举止不合己意，便大发脾气，甚至极不明智地大吼大叫、出言不逊，这不仅会对领导形象有损，还会造成更深层次的不利影响。追求自由是人的天性，没有人喜欢被别人严格控制。一般人都会对这种专制的做法持逆反心理，把这样的领导认为是暴君。如果总是干涉下属们的私事，向他们提出不合理的要求，久而久之，他们就会对你采取抵制、敌视态度。你的一些公务上的合理要求与建议也许一并被他们置之不理，或许他们还会在工作中搞些小聪明来"回敬"你，让你防不胜防，最终吃亏的还是你。

相信有不少的管理者都曾因心情烦躁，把自己的下属当作"出气筒"，发无名火。有的下属因此当场就和领导争吵起来，有的下属因此泣不成声，有的下属因此怨恨与背离领导，有的下属因忍受不了而离职，有的下属因此无所适从，有的下属因此不求有功但求无过，不再多言。

心平气和之后，管理者们也会为自己不够冷静、成熟与理智的行为而懊恼和后悔。

刘某是一家电脑销售公司的大区经理，尽管有时会对下属发点小脾气，但他并不是一个暴躁的管理者。不过，几个月前他乱发了一次脾气，至今都深为懊悔，暗暗在心中引以为戒。那天一大早，他因为自己父母的安置问题，和妻子大吵了一架，心情很差。摔门而出后，一路上看什么都不顺眼。带着满腔怨气，他来到了办公室，看到工程部的陈经理正和下属们聚在一起有说有笑，他的脾气因此一触而发，不可收拾。

"陈铭，现在是什么时间，你还在这里胡侃，公司是请你来做事，还是请你来找乐子的？"平常都称呼"陈经理"，此时是直呼其名，语气严厉。"老大，我是在安排今天的工作呢。"陈铭委屈地辩解，和下属们一起用不明就里的眼光看着他，都觉得今天的他有点莫名其妙。

“老大，什么老大！你当这是黑社会啊？”他冲陈铭越吼越凶。自己为公司累死累活地工作，还要受这样的怨气，陈铭最后实在受不了了，就和他争吵了起来。最终的结果是，陈铭一气之下辞了职，投奔到了竞争对手的门下，同时还带走了几个大客户，处处与原公司作对。

过分的固执和暴躁，会引起下属对你的反感。“顺我者昌，逆我者亡”，这种行为往往遭到下属的报复。在暴君思想的领导下，下属对你是不会有好印象的，“专横跋扈”会成为你这类领导的代名词。作为领导，处世待人，都要坚持以理服人的原则，不能胡作非为。

不少管理者都有过与刘某类似的教训。之后我们反省过自己吗？又采取怎样的改变措施呢？痛定思痛，有了这次的教训，刘某开始有计划地改掉自己这个缺点，给自己定下了几条规矩。

第一，把坏情绪关在门外。时时告诫自己，必须把工作之外的人和事所带来的坏情绪，全部关在办公室大门之外。一旦心里面憋了气，他就会到办公室门口做几次深呼吸，告诉自己：现在是工作时间，那些该死的事到此为止。

第二，在气头时用冷水洗把脸。每当要发作的时候，提醒自己，下属不是招进来骂的，而是请来协助自己工作，共同开创事业的，况且还有比发脾气能更好地解决问题的办法。即使被自己的老板和股东批评得一塌糊涂，即使刚刚与客户发生过激烈的争吵，管理者也尽量不要铁青着脸，见到下属就吼。如果还是担心自己会失控，该怎么办呢？不妨冲进洗手间，用冷水洗把脸，迫使自己尽快冷静下来。

第三，就事论事，不伤及无辜。即使的确是因为下属出错，而实在忍不住发了脾气，管理者也一定要分清责任主体，不要让无辜者受到牵连。执行制度、赏罚分明、恩威并济，是替代乱发脾气的最佳选择。

第四，敞开心扉，寻求倾听。倾听者可以是自己的好友、亲人，也可以是自己敬重的前辈、老师或专家，还可以是公司里能够听取建议的人，甚至可以尝试给电台节目主持人打个倾诉电话。事实上，倘若身边就有自己很敬重的工作伙伴，许多情绪就可能容易控制得多。

或许，有些管理者会认为，发发脾气有利于提高自己的威信，有利于鞭策下属努力工作。在这里，要提醒这些管理者，不论你是出于树立威信的目的，还是习惯于将责任推给自己的部下，乱发脾气只会伤害越来越多的人。不仅如此，那些令你认为发脾气就有效的假象，还可能使你陷入这样的糟糕境地：不自觉地将发脾气当作自己的管理风格，在下属们逐渐产生“抗体”之后，为了更奏效，你的火可能就需要越发越大。最后陷入恶性循环，你的威信也必定会荡然无存。

优秀的管理才能，特别是个人的威信或影响力，这比他的职位高低和薪资福利的优劣来得重要得多。它才是真正促使人们发挥最大潜力，实现任何计划、目标的魔杖。管理者需要有令人慑服的威信，而不是令人生畏的权力。是否拥有这种威信，正是一个管理者能否成功的关键！

领导力金言

威信是真正促使人们发挥最大潜力，实现计划、目标的魔杖。管理者的作用，就是把威信发挥到极致，影响他人合作从而实现既定的目标。

失去信任，管理就如同无源之水

一代世界金融巨子陈弼臣，是泰国盘古银行的创办人，也曾是世界华裔大会代表。1910 年，陈弼臣出生在泰国春武里府，当时没有人会想到，这个少不更事的孩子，日后竟然会成就如此大的一番事业。青少年时期的陈弼臣，一直靠在泰国打工糊口。直到 20 世纪 30 年代，陈弼臣得到朋友的帮助，在泰国开设了一家小小的五金木业行。此后，陈弼臣的事业开始慢慢做大，最终开办了“亚洲贸易公司”等企业。

1944 年，陈弼臣再一次做出决定，联合了几名中泰商贾，在曼谷开设了第一家“盘古银行”。创业之初的盘古银行，资金仅有 20 万美元，而陈弼臣当时也只是一个小小的董事。银行建立的第二年，陈弼臣得到了参与银行业务的机会，整个董事会给予了陈弼臣极大的信任，陈弼臣也用自己的行动汇报了董事会。他在发展银行存款和贷款业务方面成绩显著。

到了 1952 年，由于陈弼臣对银行的突出贡献，董事会推举他担任盘古银行的董事总经理。掌握大权之后的陈弼臣，深深地感动于董事会其他元老对于自己的信任和认可，所以将整个盘古银行打理得井井有条，风生水起，蒸蒸日上。自己的经历，给陈弼臣上了一堂课，于是他秉承着“用人不疑，疑人不用”的宗旨，充分信任自己的员工。

掌握大权之后的陈弼臣，并没有像有些企业家一样，赶快将自己的亲戚安插在自己的身边，而是大量搜集网罗人才。在重要的经营和研究技术方面，他大胆地起用新人，并且充分地信任他们，给他们自由发挥的空间，不去干涉他们。他说，是人才就不要去怀疑。你要充分相信他的才干，相信他能够给你带来利益。有人问他，为什么不选择让自己的孩子来担任要职呢？陈弼臣回答说：“富不过三代这种说法我是很赞成的。”

陈弼臣认为，家庭式的企业不会走得长远，因为家人之间的信任是不应该和利益、金钱挂钩的，这样既会损害了亲情，也会给企业的发展带来困阻。而选择相信与自己毫无关系的员工，对他们委以重任，他们会最大限度地发挥自己的潜力。精明的领导，懂得管理的收放自如，应该相信员工的时候，就要给予他们应有的信任，让员工放手去大干一场，这样企业才能走向成功。

一个庞大的公司，其内部必然是各个部门盘根错节交织在一起。作为一名领导，你不可能事必躬亲，唯权是抓，这不现实，也不合理。而中国恰恰有很多大企业的老板就连公司的一点芝麻绿豆大的事情也要亲自过问，否则就无法安心。这是一种深受中国传统思想束缚的行为表现。每个人都渴望获得权力，然而一旦得手就不想松手，唯恐失去，这也是不会当领导的表现。

领导不懂得放权，给员工带来的是一种不信任感。有些领导者，甚至因为疑心病太重不相信任何外人，所以公司里的重要职位安排的都是自己的亲戚，似乎只有亲戚才会为他卖命，忠诚于他。但是事实证明，家族企业往往不会走得长久。

身为领导，一定要牢记一点：你的公司是由许许多多的员工组成的，只有信任员工，他们才会忠诚地跟随你的步伐，为公司创造更大的效益。因为，信任，是一种非常有效的心理暗示。当一个人得到了他人的信任之后，他的责任感会上升，他的内在的潜能会被激发。信任是一种激励和肯定。

很多领导者平时并不关心信任的问题，直到和员工关系破裂的时候才去重视已经晚了。一位成功的企业家说："信任是我用人的第一标准。"没错，疑人不用，用人不疑，既然你已经选择了这名员工，那你就要相信自己的眼光。而当一个人得到了上司的信任之后，他会非常感恩，非常努力地工作。而这是任何一个领导者想要看到的。

很多领导也不知道怎么去信任员工，信任，其实来自了解。当你充分了解一个员工的生活状况之后，深刻了解，综合分析，选择了之后，就不要再怀疑。给他自由，当一个人在自由的环境下工作的时候，他的潜能会得到极大的发挥，他也会从心底里感激你的这种信任，反过来更加忠诚于公司。

总之，员工对于企业的忠诚，来自领导者对于员工的信任。这是一个双方面的事情。失去了信任，你的管理也就成了无水之源，无本之木，那自然是水不能流得长远，树不能长得茂盛。员工的忠诚是靠领导者的信任打造出来的。虚情假意，疑神疑鬼，只能换回同样的虚情假意甚至弃你而去。而只有用真心去打动真心，才能让整个团队充满干劲儿，才能让员工最大限度地激发自己的能量。当然，社会很复杂，领导也有看走眼的时候，如何才能信任值得信任的人，这便需要你的火眼金睛了。

领导力金言

> 信任，是一种非常有效的心理暗示，是一种激励和肯定，当一个人得到了他人的信任之后，他的责任感会上升，他的内在的潜能会被激发。

危机是检验领导能力的试金石

企业一旦受到了不景气的冲击，领导者就把一切不利景况全都加给员工，这种做法无疑就是转嫁危机，消磨员工的斗志。博得人心的领导者不会因为一时的经济不景气而对员工“大开杀戮”，他们懂得患难见真情，只有同舟共济，才能共渡难关的道理。员工也会因此而对企业和领导者知恩图报、誓死效忠。

大多数企业一遇到经济不景气，就通过减薪及裁员来渡过难关，这种忽视员工欲求的做法，很容易浇灭员工的工作热情。

IBM 的创立总裁华生先生，到 CTR（IBM 的前身）担任董事长时，首先面对的是资金的匮乏与人员的过剩。资金的匮乏问题依靠华生的信用，得到了摩根公司的融资，余下的就是人员过剩的问题。CTR 的主管都向华生先生提议以裁员渡过难关，但华生反对，他说裁员对公司而言是经营合理化不得已的政策，但对员工却是影响一生的问题。所以即便是人员过剩或人员的能力不足，都不能轻易裁员。华生从训练原先的员工做起，并未裁减过任何一个人。

华生先生确立了如下就业保障方针：

启蒙公司员工；

工作的内容改变时，实施再放弃；

对现在从事的工作感到困难时，给予其他的工作机会。

但这并非表示 IBM 没有炒鱿鱼的事，只是说明在公司采取解雇手段之前不放弃任何机会再做最后的努力，为过剩的人员寻求新的工作机会。

日本松下公司的创立者松下幸之助先生即使面临经济不景气，也没有裁减一位员工，甚至没有削减员工工资，最终渡过了难关。他的做法与 IBM 公司的策略如出一辙。

德之大者，莫过如此。一个企业有了真正关心职工利益的领导者，哪个职工能不感动，力之奉献，为之拼搏，为之努力?

在我们国内也有这样的案例。海尔集团在进行兼并扩张的时候，没有大幅度地裁减员工，而是对他们进行了大量培训和企业文化的再造，同样取得了较好的成果和效益。

危机是检验领导者能力的有力尺度，是一块试金石，庸者落马，能者上马。领导者应学会处理危机，面临企业危机，更要齐心协力共渡难关，不轻言放弃一人。压力之下，公司团队用最大力量反弹困难。只有率领员工冲破层层危机、拨云见日的领导者，才会得到员工的崇敬和仰慕，才会成为一面永不倒的旗帜，才能偕全体员工创造一个又一个成功的辉煌。

领导力金言

领导者应学会处理危机，面临企业危机，更要齐心协力共渡难关，不轻言放弃一人。

春天般温暖的脸，总让人舍不得离开

亲和力是一个老板应具备的基本素质，是老板才能的基础和补充。一位管理大师曾将亲和力强的老板定义为“平易近人型老板”，这不无道理。因为是否具有老板魅力，是否富有责任感，是否经常关怀下属并关心他们的成长，是决定一个老板能否获得下属支持的重要前提。而在下属面前能否用平和的态度纠正下属的过失，不轻易谈论下属的缺点和不足，并利用这些来为自己的工作做铺垫，则是一个老板是否具有亲和力、是否可以将下属团结在自己周围的关键。

所谓亲和力，简单地说，就是具有一种让人想去亲近你的情感魅力。老板的亲和力就是与下属打成一片，把下属当亲人，没有官腔，没有架子，没有敷衍。待人处事人性化，多发现下属的优点，多理解下属的难处，多帮助下属排忧解难。这种亲和力是一种强大的气场，它可以产生巨大的凝聚力，转化为强大的影响力和行动力。

分析国内外众多思想家、政治家以及成功企业家的成长规律，他们成功的一个重要条件就是尊重他人、理解他人，善于倾听各方意见，并充分综合不同意见，最终拿出一个最为妥当的解决问题的方案。在一次次的磨炼中，他们学会了如何成为一个成熟的“老板”，并产生超越自己、带领团队进步的力量。这种力量就是亲和力。

瑞典前首相帕尔梅在瑞典是十分受人尊敬、有亲和力的领导人。他虽贵为政府首相，但仍住在平民公寓里，生活简朴、平易近人，与平民百姓毫无二致。帕尔梅的信条是："我是人民的一员。"

帕尔梅从家到首相府，每天都坚持步行，在这一刻钟左右的时间里，他不时同路上的行人打招呼，有时甚至同路人闲聊几句。帕尔梅一家经常到法罗岛去度假，和那里的居民建立了密切的联系，那里的人都将他看作朋友。

帕尔梅喜欢"微服私访"，去学校、商店、厂矿等地，找学生、店员、工人谈话，了解情况，听取意见。他从没有首相的架子，谈吐文雅，态度诚恳，也从不搞前呼后拥的威严场面。

帕尔梅同许多普通人通过信件建立了友谊。他在位时平均每年收到15万封来信，其中三分之一来自国外，为此他专门雇用了4名工作人员及时拆阅、处理和答复，做到来信皆阅，来信均复。对于助手起草的回信，他要亲自过目，然后才签发。这一切都使他的形象在人民心目中日益高大，在瑞典人民的心目中，帕尔梅是首相，又是平民；是领导人，又是兄弟、朋友，是人们的偶像。

亲和力是老板自身素质养成中不可或缺的一个，它贯穿于管理过程的始终，是协调上下级关系的调节剂，是提高下属工作能力的兴奋剂。作为新时代的老板要用爱心、情感、智慧来酝酿、发展、提升这种亲和力，使之成为团队或组织发展的不竭动力。

盛田昭夫是索尼的缔造者和最高首脑，具有非凡的亲和力，他喜欢和下属接触，经常到各个下属单位了解具体情况，争取和较多的下属直接沟通。稍有闲暇，他就到下属工厂或分店转一转，找机会多接触一些下属。他希望所有的经理都能抽出一定的时间离开办公室，到下属中间去，认识、了解每一位下属，倾听他们的意见，调整部门的工作，使下属生活在一个轻松、透明的工作环境中。

有一次，盛田昭夫在东京办事，因为时间充裕，就来到一家挂着“索尼旅行服务社”招牌的小店，对下属自我介绍说：“我来这里打个招呼，相信你们在电视或报纸上见过我，今天让你们看一看我的庐山真面目。”一句话逗得大家哈哈大笑，气氛一下由紧张变得轻松。盛田昭夫趁机四处看一看，并和下属随意攀谈家常，有说有笑，既融洽又温馨。盛田昭夫和下属一样，沉浸在一片欢乐之中，并为自己是索尼公司的一员而倍感自豪。

还有一次，盛田昭夫在美国加州的帕洛奥图市看望索尼公司的一家下属研究机构，负责经理是一位美国人，他提出想和盛田昭夫合几张影，不知行不行。盛田昭夫欣然应许，并说想合影的都可以过来，结果短短一小时，盛田昭夫和三四十位下属全部合了影，大家心满意足，喜气洋洋。末了，盛田昭夫还对这位美籍经理说：“你这样做很对，你真正了解索尼公司，索尼公司本来就是一个大家庭嘛。”

再有一次，盛田昭夫和太太良子到美国索尼分公司，参加成立25周年的庆祝活动，夫妇特意和全体下属一起用餐。然后，又到纽约和当地的索尼下属愉快野餐。最后，又马不停蹄地赶到亚拉巴马州的杜森录音带厂，以及加州的圣地亚哥厂，和下属们一起进餐、跳舞，狂欢了半天。盛田昭夫感到很开心，很尽兴，下属们也为能和总裁夫妇共度庆祝日感到荣幸和自豪。

盛田昭夫说，他喜欢这些下属，就像喜欢自己家人一样。

一个团队或组织是否充满朝气与活力，往往与老板的亲和力有很大关系。依靠索尼高层老板的这种亲和力，公司里凝聚成一股强大的合作力量，并借着这么一支同心协力的队伍——他们潜心钻研、固守岗位、自觉负责、维护生产、不为金钱追求事业，勇于开拓他乡异国销售事业，先锋霸主索尼公司才能屡战屡胜，一步一个脚印，在高科技新产品开发上，把对手一次又一次地甩在后面。

老板的力量，不是建立在下属敬畏、恐惧的基础上，而是建立在下属信服、亲近、主动追随的基础上。彼此有了感情，一句话能顶十句用；彼此没有感情，十句话也不顶一句用，对于不想听的人来说，你说得再多也不管用。你希望下属认真地为你服务，那你也应当为下属多着想，关心他们的进步前途。你地位越高，事业越大，依靠的人越多，就必须具备很强的亲和力，以调动更多人努力工作的积极性。一个受人拥戴的老板，应当有声有色地工作，有滋有味地生活，有情有义地交往。

在团队中，有亲和力的老板更受人欢迎，因为他让人感觉面善，相处起来舒服、自然，总能营造出一种和谐的工作环境。这个道理很简单，渴望与人亲近，追求和谐相处，是人类基本的需求。亲和温暖的威力大于严厉粗暴。春天般温暖的脸总让人舍不得离开，而那冰冷刺骨的容颜只会让人望而却步。

良好的亲和力能拉近自身与下属之间的心理距离，从而产生最大的管理效能和经济效益。很多事实证明，具有亲和力的老板最讨人喜欢，他们不端“官架子”，常常“忘掉”自己的身份，和普通下属真诚交流。

他们把自己的亲和力逐渐变成了影响力，使下属忠诚地跟随自己。当然，管理要有亲和力，并不是要我们放弃原则。管理需要建章立制，但不能视人为生产工具，忽视人的价值和人格尊严。人是有感情的，“金钱”报酬不是人的唯一需求，人的最高需求是实现自身的价值。因此，老板的亲和力来自人性化管理，有人情味，无情规章，有情操作，处处以人为本。

领导力金言

老板的力量，不是建立在下属敬畏、恐惧的基础上，而是建立在下属信服、亲近、主动追随的基础上。

伤了面子的话，容易激起逆反心理的涟漪

刀子嘴的人，生活中处处可见，这种无形的语言的刀子，往往划了别人的面子，伤了别人的心。工作中也一样，如果和员工的沟通太直接，甚至当众斥责和批评，会使对方陷入尴尬的境地，甚至会遭到他们的怨恨。因为，每个人都有面子，而每个人都不愿意在众人面前失去了这个“面子”。

现代诗人柳亚子喜爱写文章，他的文章深受别人的推崇。他的书法流畅，气势恢宏，可是字迹非常潦草，很难被别人认出来。

柳亚子请书画家辛壶点评自己的书法，辛壶看到他的字迹潦草，委婉地说：“你的字意到笔不到。”

柳亚子听了这话，知道辛壶委婉地说自己的字迹潦草，是为了给自己留几分颜面，所以很佩服他，并接纳了他的建议。

我们每天和下属相处的时间甚于家人，所以，下属其实是另一种意义上的家人，领导要想受到团队中每个人的拥护和心甘情愿的追随，就要给与他们一定的关怀和尊重，在说话尤其是批评的时候，就要学会绕个弯儿，给对方留个台阶铺条路，换位思考，我们自己也不愿意在大众之前“丢了范儿”。

过分的言语，伤了下属面子的同时，也损害了彼此之间和谐的关系，更严重的是，攻击性的言语会激起下属的逆反心理，让他们对领导和工作产生一种抵抗情绪。

有一家高端白酒销售公司，因为白酒的销售量受季节影响很大，到了春季需要解雇部分员工，但是到了秋季又想让那些被解雇的员工重新回来工作。

刚开始，人事部经理这样和被解雇的员工说：“白酒销售淡季已经来了，咱们的工作量少了，所以要有一部分人离开，就请你们再找工作吧！”

员工听了这话很生气，都觉得这是“狡兔死，走狗烹”，所以到了秋季也不愿回来，宁愿去竞争对手那里。

几年后，人事部经理发现招进来的都是新人，需要投入大量精力进行培训，他想请回那些被解雇的员工，却没人愿意回来。

人事部经理向朋友请教经验，朋友听了他对被解雇员工说的那番话后，对他说：“坏就坏在你这张嘴上。你这么说话，多伤人自尊心啊！人家怎么可能会回来呢？”

人事部经理问：“那我该怎么说？”

朋友建议说：“你不妨说，你们的工作能力特别强，公司非常高兴有你们这样的员工，能跟你们合作真是太幸运了。你们是我们公司的骄傲，你们的能力我们非常看好，但是现在是白酒销售淡季，公司没能力为你们提供丰厚的回报，所以建议你们先找个临时性的工作，等白酒销售旺季到来时再返回公司，我们再合作创造新的销售奇迹。有什么困难可以提出来，公司愿意竭尽全力帮助你们，还能为你们推荐工作。”

人事部经理按照这个方法和被解雇的员工聊过之后，被解雇的员工都没有像以前那样气冲冲地离开，而且到了秋季时许多人都回来继续做白酒销售工作。

“人活一张脸，树活一张皮。”任何人都会极力维护自己的尊严，不想被人践踏。因此，在社交中，照顾别人的面子，才不会处处树敌。

领导力金言

过分的言语，伤了下属面子的同时，也损害了彼此之间和谐的关系，更严重的是，攻击性的言语，会激起下属的逆反心理，让他们对领导和工作产生一种抵抗的情绪。

冲锋在前，逃跑在后

一个团队发展目标能否实现，很大程度上取决于领导者的责任意识和处理责任时的方法与手段。一个优秀的领导者，会主动出面承担因下属犯下的错误而带来的责任，这样，下属就会有足够的时间和空间进行反省，进而站出来承担自己应该承担的责任，并把这种责任化作工作的动力，更加忠诚地追随这样的领导。

有一家大型模具公司的车间主任，手下管着一百多位技工。有一次，他带着几名员工制造一个精细模具。制造完毕，恰逢总裁和他的几个朋友到车间巡视，其中有一位发现了这个模具上的一个瑕疵，因为总裁在场，车间主任害怕自己挨训，当时就把责任推给了他的下属。总裁一看他这种做法，勃然大怒，当着全车间的人把他训斥了一顿。

如果领导一遇到问题，就先逃开，一味地将责任推卸给下属，那么下属就会人人自危，生怕自己因为一些小失误而成为领导者的替罪羔羊。在这样的情况下，下属怎么会有心思去思考解决问题的办法呢？工作中出现了问题，最重要的是避免以后再发生同样的错误，只有领导主动了，下属才会尽快平静下来，才会全力以赴地和领导一起寻求解决的办法。即使是天大的错误，领导也要先站出来扛起所有的责任，因为领导是下属的“擎天柱”，即使是天塌了也要顶住，这样下属才会觉得自己是受保护的。而如果一个人坐在很高的职位上，但是却不能承担更多的责任，丧失掉最基本的职业道德，就会遭到他人的轻视和离弃。

一家公司在外地设立了一个办事处，只有两个人，一个主管，一个职员。办事处成立后，需要办理税务申报，但这家办事处的税务申报却因各种原因一再拖延。在一年后的税务检查中，税务局发现了这个问题，就对其进行了严厉的经济处罚。公司老总知道后，就向主管询问原因。主管说道：“这一切都是我的责任，当时我想到了申报，可听说其他类似的办事处都没有申报，我想我们也没有必要这么做，所以就一直拖到了现在，这些事情都是我一个人的错。”

接着老总又询问了职员，得到的答案是：“我把实际情况向主管汇报了，但是我觉得从为公司省钱的角度看，没有必要急着申报，因为很多单位都没有申报。于是我建议主管也不必着急，时间一长，就……这也有我的错。”最后，老板对主管说：“虽然你们的行为不对，但你作为领导能够主动站出来承担责任，这样的领导，正是公司所需要的。”

身为领导者，一旦出现问题，首先要做的就是把责任扛起来，绝对不能以各种借口来掩饰，更不能把责任推给下属。即使不是自己的错，但也至少存在监管不力的问题。不管什么原因，不管问题有多大，压力有多重，领导者都应该先把责任担下来，尽快寻求解决问题的办法才是最重要的。等到问题解决了，问题所引起的不良影响已经通过及时更正降到了最低，责任变得相对“小”了，这时再追究责任。如此一来，惹出祸事的人也会被领导的担责而感动，主动承认自己的错误。这样既可以改善领导和下属之间的关系，又可以让大家都富有责任心，增强团队凝聚力，提高团队的整体竞争力。

当问题出现时，作为领导，如果不站出来勇敢地说“是我的责任”，而是一味推卸，这是任何一个企业都不允许的。企业需要冲锋在前，逃跑在后的领导。只有在工作时勇往直前，当工作出现问题时，敢于出面承认自己的过失、承担责任的领导，才能获得企业的认同。

领导力金言

惹出祸事的人会因为领导先承担责任而感动，便会主动承认自己的错误，这样既可以改善领导和下属之间的关系，又可以让大家都富有责任心，增强团队凝聚力，提高团队的整体竞争力。

LEADERSHIP

第七章

妙语连珠面带笑，巧妙沟通赢人心

多躁者，必无沉潜之识

说话的态度，是一面镜子，镜子里显示的，是一个人的品格和修养。一个态度好的人，说出来的话，就像悦耳的歌声；而一个态度不好的人，说出来的话，犹如令人烦躁的噪音。没有一个人，愿意听那些粗俗浅陋的话，也没有一个人，愿意和一个攻击性很强，喜欢在语言上压倒别人的人交流。正所谓："文质彬彬，然后君子。"

一个优秀的领导者，即使身处令人烦心的处境、面对令人棘手的问题，也能以平和的心态，和下属去交流，去沟通，而不是暴跳如雷地和下属去争执，让情绪主导自己的理智。平和而又温暖的态度，是解决问题的前提，也是一个领导者有涵养、成熟的写照。愤怒、急躁，包括目中无人的骄傲，都会关上解决办法的大门，使问题搁置而得不到处理，也会失去人心。

古人有句话说得好："多躁者，必无沉潜之识。"领导者说话时，不能让浮躁的情绪占了主导地位，从而影响自己说话的态度和说出来的语言，"处事最当熟思缓处"，说的就是，遇事情先深思熟虑，保持冷静的态度，然后谨慎处理，这期间也要保持做到彬彬有礼的态度，让沟通在一个轻松而又愉快的环境下进行。

一些领导经常会因为小事而乱发脾气，控制不住自己的情绪，对下属严加指责，甚至羞辱。殊不知，这样会失去人心，使威严扫地。

美国石油大王洛克菲勒的办公室里突然来了一位不速之客，那人暴跳如雷，指着洛克菲勒的鼻子大骂了很长时间。

办公室里的其他人员都觉得洛克菲勒一定会愤怒地还击，大骂这个不速之客。可是，出乎意料的是洛克菲勒停下了手头的工作，用慈祥的目光看着这名不速之客，任由对方在自己的办公室里撒野。

片刻之后，那名不速之客觉得洛克菲勒莫名其妙，只得悻悻地离开了办公室。

不难想象，如果洛克菲勒用同样的做法回应不速之客，势必会引发一场战争。

同样一句话，从一些人嘴里说出来能让人心甘情愿地接受，从另一些人嘴里说出来却只能引起他人的反感。这种完全不同的结果是如何产生的呢？其实最主要的一个因素就是说话的态度。

领导力金言

古人有句话说得好："多躁者，必无沉潜之识。"领导者说话时，不能让浮躁的情绪占了主导地位，从而影响自己说话的态度和说出来的语言。

沟通不良往往来自"简问"

沟通不良往往来自简单地问和简单地答。后者是对前者的回应，问的简单自然是回答简单。这对管理者收集信息是极其不利的。要想多了解，实现充分沟通，管理者一定要多问，因为，询问是另一个有力的“拉”的手段。

但要明白，询问并不是审问。它并非首先假设被提问的人一定隐瞒了什么。询问也不是问大量的问题。你所提问题的种类决定了你将得到的答案。

“你擅长自己的工作吗？”

“是的，擅长。”

谈话结束了。这是一个封闭式的问题，因为可能的答案只有“是”或“不是”，或其他简单的补充说明。请看另一个例子：

“难道你不认为定期开小组会议是一个好主意吗？”

“是的，当然是个好主意。”

同样，这个问题也没有过多可回答的，因为这是包含着赞同意见的引导性提问。这种问题不过是一种假意的提问。所以，希望有效影响别人时，还需要掌握一门技巧，那就是知道提出什么样的问题，什么时候提出。一般来说，除了上述封闭式的提问，还有一种开放式的提问。

特别注意的是：开放式的问题是所有问题中最有效的。当你想启发别人表述自己的观点以便能够更清楚地了解别人的时候，提这种问题是非常有效的。这种问题与倾听的技巧紧密相连。作为施加影响的一方，如果你能启发别人讲话，这会比你自己讲话更有用。

开放式问题鼓励每一个人讲话，因为这些问题都不能用简单的“是”或“不是”来回答。开放式问题通常包括这些字眼：“什么”“哪里”“如何”“什么时候”“告诉我”，等等。

如果你想了解关于下属成员对团队未来发展有什么样的看法，你会怎么做？

柯达的做法是开放式收集信息。例如它在创业初期便设立了“建议箱”制度，公司内任何人都可以对某方面或全局性的问题提出改进意见。

公司指派一位副经理专职处理建议箱里的建议，收效甚大。第一个提建议被采纳的是一位普通工人，他建议软片仓库应该常有人做清洁，以切实保证产品质量，公司为此奖励了他 20 美元，公司共为采纳这些建议付出了 400 万美元，但也因此获利 2000 万美元。

要想与员工进行有效的沟通，弄清问题和解决问题必须善于提出问题，以便引导说清全部问题，引导其换个角度想，自我解决问题或者找出关键，便于最后解决问题。此外，在提出问题时，你还要注意以下几点。

(1)要提出引导性问题，引起下属思考的问题，与下属意见紧密联系的问题，不要提出表达自己不同观点的问题。

(2)要多用一般疑问句，少用反问疑问句。

(3)提问要在下属的话告一段落时，事先征询：“对不起，我提个问题好吗？”要尽量使用商量的语气。

作为领导，在与员工交流时，要注意多问些问题。善于影响别人的人比那些不善于影响别人的人更多地提出问题，而且更注意倾听问题的答案。

领导力金言

善于影响别人的人比那些不善于影响别人的人更多地提出问题，而且更注意倾听问题的答案。

滑稽并不是幽默

漫画家方成曾经说过：“幽默要有所含蓄，使人在笑中同时引起联想和推断，领悟其中的含义。也就是说，幽默表达一定的思想感情。而一般的滑稽逗乐除了能博得一笑之外，没有再多的东西。”

幽默和滑稽，有时看着很像，实际上并不一样。因为，猴子有时也能做出滑稽的动作，引人发笑，但它绝不会幽默。

关于幽默和滑稽的区别，弗洛伊德指出是“成人和孩子的”对立。由此我们不难体会出幽默与滑稽在本质上的不同：幽默引人发笑后，使人能得到哲理性的启示；而滑稽只为博人一笑，既无思想的深刻性，也无会心的启示。

马戏团的丑角，表演得再好，也只能使观众产生情绪上的愉悦，绝不能带来观念上的哲理思考，而后一种功能只能由幽默来承担了。

可见，领导者在谈话时，要注意身份，切不可把自己当作马戏团的丑角，把滑稽当幽默。

有一次，美国前总统卡特准备出访盐湖城，他当时正被授予“本年度家庭男人”称号。参谋为他写了一份讲稿，其中特别注明“加幽默”，于是助手又给他加了三四个笑话，演讲时他全用上了。然而，失败的是卡特和他的助手们并没有意识到这一点，听众们一贯教育孩子看待事物不要轻率。后来他的助手说：“我们站在一座圣堂里，在场的大约有2000人。卡特讲笑话时，他们只是瞪着他，呆若木鸡。”

可见，在与人说话时，首先应该注意双方的文化差异，从而调整自己的言语内容，否则即使语言很经典，幽默很出彩，对方也很难理解你的语言意图，只能让一场本该精彩的谈话变得异常尴尬。

制造不滑稽的幽默，要注意以下两点。

1. 应注意对象

生活中，幽默无处不在。恰到好处的幽默会使人笑声不断，赢得满堂彩，而倘若不分时机和场合的幽默则可能会变成滑稽的闹剧。因此，领导者在谈话时制造幽默也要随情应景才能达到预期效果，否则就会沦为滑稽。

2. 要注意避免低俗

真正懂得幽默的人并不是那些只会讲些荤笑话的人。因为一些低级趣味的笑话不仅会污染人们的生活，使人变得庸俗，更会使听者对讲笑话的人产生反感。尤其是领导者在与下属谈话时，更应该果断地向此类“幽默”说“不”。

幽默的重大原则是不能马虎，不同问题要区别对待，在处理问题时要极具灵活性，做到幽默而不俗套，使幽默能够成为领导者成就好口才的养料。

虽然幽默是很棒的技巧，是说话中经常用到的“武器”。但运用幽默不是一件容易的事情，幽默在面对一些情况时，可以使人摆脱困境或者尴尬，但如果运用不当，则会成为滑稽，起到相反的效果。

作为领导者，应该明白，幽默是一种优美、健康的品质。幽默所表现出的是心灵的光辉与智慧的丰富，而非庸俗的笑闹，它不是以过分夸张袒露自身缺陷作为“幽默”的资本，也不是为了哗众取宠而扭曲人性。它不是噱头、调侃、贫嘴或者说教，而是对这些的超越。因此，在使用幽默时也要注意分寸。时下流行的文化活动中，伪幽默泛滥，这不能不说是一种遗憾。

领导力金言

幽默所表现出的是心灵的光辉与智慧的丰富，而非庸俗的笑闹，它不是以过分夸张袒露自身缺陷作为“幽默”的资本，也不是为了哗众取宠而扭曲人性。

欲抑先扬，批评之前先赞美

作为工作上的上级和情感上的朋友，看到下属工作及生活中存在的不足，大部分领导都会提出批评和指正，希望帮助他们改正，促使他们前进。但对于批评，很多领导人都觉得头疼，因为说得太直接，下属就会不高兴，甚至表现出生气和抵触；说得太委婉，有些下属可能会理解不了其中的“话中话”，从而达不到领导者本身的目的。

其实，批评下属之前，先适当地给予他一些赞美，这样，下属就更容易接受，也不会不开心。举个日常生活中的例子：有时候，我们生病吃药，发现一些药特别苦，甚至吃完以后，苦味都久久不能散去，而有一些药，有光滑的外衣，它们吃起来就比较甜，病人相对来说就不会发愁和抵触。

批评，就是这个药丸，虽然能治好病，但如果直接说出来，被批评者就很难接受；赞美，就是药丸外面的糖衣，把它放在批评之前，批评在它的“掩护”下，就很容易让人接受了。

人们给约翰·卡尔文·柯立芝起了一个名字，叫“沉默的卡尔”，因为他沉默寡言。可是，这位不太爱说话的总统在批评人方面却很有一套。

柯立芝有一位女秘书，人长得十分漂亮，在工作中却经常出现一些小错误。

一天，柯立芝走进秘书的办公室，面带笑容地对她说：“你今天穿了一件非常漂亮的衣服，和你这样年轻漂亮的小姐很般配。”

女秘书简直不敢相信，平时沉默寡言的柯立芝竟然在赞叹她美丽的衣服和漂亮的容颜，这该是多大的殊荣啊！她高兴得几乎跳起来。

正在她暗自高兴时，柯立芝接着说：“千万不要骄傲呀，如果你能把公文处理得和你的衣服一样漂亮，那就更完美了。”

女秘书听了这话后，就在以后的工作中谨小慎微，结果出现错误的情况越来越少。

例子中的柯立芝，就在批评之前，先用赞美做了铺垫，试想，如果他直接说出女秘书的缺点，女秘书肯定会不高兴，由此产生的负面情绪也会影响后面的工作，这样一来，柯立芝不但达不到让女秘书改正缺陷的目的，反而会使这个缺陷像破洞一样，越来越大。相反，由于柯立芝放在前面的赞美，女秘书开开心心地接受了指正。

著名的人际关系学大师卡耐基说：“当我们先听到他人夸赞我

们的优点，再批评我们的缺点时，我们心中通常会非常高兴。”所以，一个聪明的、会说话的领导，在批评下属之前，会先赞美一番。

杨华是一家公司的总经理。公司三令五申，要求工作人员外出见客户时必须统一着装，不允许不穿职业装就去见客户。

公司员工李兰却没把这个要求当回事，见客户时穿着便装就去了。

杨华知道李兰平时稍微被批评就会哭鼻子，受不了气，所以不敢轻易批评她，但是又不甘心就这样饶了她，否则以后怎么管理其他人呢？他考虑了一会儿，突然计上心头，把公司同事集中在一起，当着大家的面夸奖李兰说：“不知道大家知不知道，李兰的能力可是比我们看到的强多了，客户在我面前夸奖她，说她能力非常强。”

李兰听到总经理当众夸奖自己，早就心花怒放了。

总经理接着说：“和我们接触的客户是通过什么了解我们公司的？就是我们员工的个人形象。客户在我面前夸奖李兰，说她形象非常好，就是有一点欠缺。”

李兰竖起耳朵听，想知道自己美中不足的是什么。

总经理说：“客户提议说，如果李兰穿的衣服再正式一些，更能展现她的魅力。不过我觉得，咱们公司的工装就挺正式的，所以李兰呀，你以后要在客户面前穿工装啊，因为你可是咱们公司的‘形象大使’。”

其实，下属在做错事情的时候，心里就会有一种紧张和害怕的情绪，有时候也不知道从哪儿下手去改正，这时候，如果单刀直入地去批评他们，就会打击他们的工作热情和信心，加重他们的慌乱情绪，问题越发得不到解决。与其这样，不妨欲抑先扬，先让下属的情绪稳定并高兴起来，再去批评他们，当然，这时候的批评也要注意措辞和态度，切忌不可暴躁和太直接，否则就会前功尽弃。

领导力金言

批评，就是这个药丸，虽然能治好病，但如果直接说出来，被批评者就很难接受；赞美，就是药丸外面的糖衣，把它放在批评之前，批评在它的“掩护”下，就很容易被人接受了。

赞美的话，说七分，留三分

赞美就好比一个气球，似乎是把它吹得越大越好。但越大越不保险，随时有可能爆炸。与其让它爆炸，不如吹小点，让人感觉心里踏实。所以，真诚的赞美应该有所保留。

许多到过美国的朋友谈起美国的风土人情时，常常感觉到美国人随意乱用“最高级”，缺乏真诚感。你送他一支钢笔，他就大惊小怪地说：“太好了，这是我见过的最好的钢笔！”你请他吃一顿中餐，他就兴奋地拥抱你，大声叫嚷：“味道好极了，这是我吃过的最丰盛的一顿饭。”很明显，老外们把自己的赞美夸大到再也不能扩展的程度，让中国朋友听起来觉得虚假，很难接受。

领导称赞下属时，要有一是一，有二是二，既把握住分寸，又要有所保留，可以多用“比较级”，千万慎用“最高级”，否则，就像美国朋友似的赞美，让人觉得虚情假意。

同时，领导可以在表扬时，把批评和希望提出来，否则，被表扬者尾巴翘得老高，不利于进步，也不利于其他下属接受。

同样，这种有所保留的赞美也可用于下级向领导“进谏”时，先称赞其成绩，再委婉指出其不足，既照顾了领导的面子，也使领导易于接受。

领导力金言

领导称赞下属时，要有一是一，有二是二，既把握住分寸，又要有所保留，可以多用“比较级”，千万慎用“最高级”。

此时无声胜有声

在你批评员工时，适时沉默，可以起到“此时无声胜有声”的作用。通常来讲，当你批评员工时，他的情绪波动是很大的。也许你只想苦口婆心地劝导他一番，但是无形中你却伤害了员工们的自尊心，让他们觉得颜面尽失，甚至产生了索性“破罐子破摔”的心理，那你的批评岂不是得不偿失？不要到处都充满你的斥责声，在你适度批评之后保持一个沉默的空间，让员工有时间冷静地想想自己的所作所为，相信这更是一种对当事人的威慑。一方面，员工会因为你的“点到为止”感谢你为他们保留了颜面；另一方面，显示出了你宽广的胸怀。你沉默不作声并非是对错误的迁就，而是留给了对方一个自省的余地。

当内部员工发生争执时，你保持适当的沉默，给他们时间冷静是你的缓兵之计。争执的双方为了寻求一个说法，也许会将你——他们心目中的权威者拉入其中，让你做个公断。在你没有经过深思熟虑之前，你绝不可以表明自己的立场，滔滔不绝地发表自己的看法。即便你已经知道了谁对谁错，在双方还面红耳赤地争执，谁都不愿意让步时，你的公断不会达到预期的效果，只可能会使一方的自尊心受挫，以为你是有意偏袒。此时，适当的沉默才是你最好的选择，待双方头脑冷静后，你再公正地做出评价，其效果必定会事半功倍。

人们常说，“沉默是金”。身为管理者，在与员工交流时你常常得多开口，但是你有没有想过，你的过于“健谈”已经引起了员工的不满。其实，适当的沉默，给员工留下一个宁静的空间，让他们想自己该做的事，这才是你处理好与员工关系的利器。

言简意赅地传达你对员工们的要求和期望，如有必要，再把注意事项交代清楚即可，然后，你就可以保持沉默，留下一些时间给员工们好好考虑具体的步骤。当他们的想法不够准确圆满时，你再适当地给予补充，作一次适时的指导，但千万不要剥夺员工发言与思考的机会。

领导力金言

适当的沉默，给员工留下一个宁静的空间，让他们想自己该做的事，这才是你处理好与员工关系的利器。

找到心锁，是良好沟通的开端

任何一个懂得沟通艺术的领导，都能在与员工沟通的过程中做到有的放矢和“具体问题，具体分析”，并能掌握对方的意愿，找到打开对方心锁的那把钥匙，而且可以反复用“这把钥匙”去打开他的某些心锁！

我们都听过这样一个故事：

一把坚实的大锁挂在铁门上，一根铁杆费了九牛二虎之力，还是无法将它撬开。钥匙来了，它瘦小的身子钻进锁孔，只轻轻一转，那大锁就“啪”的一声打开了。铁杆奇怪地问：“为什么我费了那么大力气也打不开，而你却轻而易举地就把它打开了呢？”钥匙说：“因为我最了解它的心。”

是的，只有深入内心地了解，有效地进行沟通，才能赢得对方的信任。同样，作为企业的领导者，在与员工沟通的过程中，你只有找到员工的那把心锁，才能在交流中做到有的放矢，有针对性地解决交流中的问题。

这就是著名的“布朗定律”，它是指找到心锁就是沟通的良好开端，知道别人最在意什么，别人的意愿就会在你的把握之中。它是由美国职业培训专家史蒂文·布朗提出的。

我们再来看下面的一个故事：

很久以前，有个虔诚的修女，为了拯救受难的人们，她只身来到印度。而在印度本土，她发现当地有很多人因为贫穷而衣衫褴褛甚至光脚走路，为此，她觉得自己有必要和这些受苦受难的人一起感受生活，于是，她决定自己也不穿鞋子。

后来，戴安娜王妃听说此事后，也来到印度拜访，当她看到了这位光脚的修女之后，却因为自己穿了一双洁白的高跟鞋而无比惭愧……

再后来，中东发生了战争。这位修女独自来到战场，当作战的双方都发现这位修女时，竟然不约而同地停止了攻击，等她把战区里面的妇女和儿童都解救出来……在这位德高望重的修女去世的时候，印度举国上下都为她而悲痛，她的灵柩经过的地方，没有人愿意自己站得比她还高，而她遗体的双脚仍然是裸露的，向世人宣告她与那些贫苦的人平起平坐。这位高尚的修女就是特里莎。

这个真实的故事也告诉了我们：找到心锁就是沟通的良好开端。知道别人最在意什么，别人的意愿就会在你的把握之中。

现实工作中，很多人也认识到了沟通的必要性，他们知道必须多倾听员工的意见和建议，然而，他们似乎并没有找到沟通中的这把钥匙，因此，他们的交流工作多半是走过场、无效用的。而“布朗定律”对沟通技巧的破解和定义是相当深刻的：“一旦找到了打开某人心锁的钥匙，往往可以反复用这把钥匙去打开他的某些心锁。”这就是“布朗定律”的高明之处，找到钥匙不仅可以打开某人的心锁，而且可以反复用这把钥匙去打开他的某些心锁。这句话意味着只要找到那把钥匙，不要打开一次心锁就扔掉，而是可以继续用这把钥匙去第二次、第三次打开他其他的心锁……

从事管理工作的领导者们，应该从这一点中有所感悟，每个员工心中都有一把非同寻常的锁，找到这把锁的钥匙，就要看它的主要特征和本质，不能只看到表象和毛皮，更不能被一些枝节琐碎迷惑。

那么，具体来说，作为领导者，你该如何找到沟通中的心锁呢？

1. 细心观察，善于发现

作为一个领导者，除了要在工作中关心员工的工作效率外，还必须关注员工的情感动向，这是一个需要细心洞察、耐心寻找的发现过程，需要“由表及里”，即根据一些现象逐步分析，最后找到问题的关键所在，也需要“因小见大”，即通过此人的一些细微的言谈举止，顺藤摸瓜，最后发现隐藏的那把“心锁”。

比如，如果与你沟通的这个员工最近闷闷不乐，不爱与人接触，那么，导致这一问题的原因可能有很多种，比如，他本身可能是个不爱说话的人；也可能遇到了爱情、亲情、友情的挫伤；也可能遇到了生活中的难题；甚至有可能是工作本身引起的，比如，这个月的工资被折扣了、奖金少拿了等。这都需要具体分析，这同样要深入去观察和分析才能做出正确的判断和处理。总之，对于不同的人，领导者要善于根据实际情况找到他具体的那块心病，从而配上适合的钥匙，最后才能打开他的心锁。

2. 从对方感兴趣的话题入手

作为领导者，可能一直以来担当的都是说教者的角色，但事实上，你必须牢记一点，那就是你是说给对方听的，不是说给你自己听的。因此，说话不在于仅图自己痛快，还必须顾及对方的兴趣，你要为听者想。要探出对方的兴趣，一般通过几个回合的对答就应该有所知，然后择其感兴趣地谈下去。

领导力金言

> 只有深入内心地了解，有效地进行沟通，才是赢得对方信任的金钥匙。

巧言妙语，抚平下属心中的怨气

由于种种原因，你的下属可能满怀怨气，那么，身为领导，如何说话才能让下属消解心中的怨气，而又不失自己作为上司的尊严与威信呢？

1. 晓以利害

说服下属关键在于要让下属知道个中利害关系。从利益的角度进行说服，最有力量。任何人一旦遇到与自己切身利益相关的事情，就会认真起来。

某市无线电厂由于长期亏损，债台高筑，濒临破产。这天，该市电视机厂对无线电厂实行有偿兼并的大会在无线电厂举行。上千名职工感到耻辱，坚决反对兼并，愤怒的人群争吵着、吼叫着、吹口哨、鼓倒掌，场面十分混乱。

这时，电视机长的吴厂长，扯开大嗓门对陷入失控状态的人群喊道："我告诉你们一个事实：到下个月工商银行的抵押贷款就要到期，无线电厂马上就要破产，上千名职工就要失业！难道你们愿意这个具有几十年历史的我市唯一的收录机专业生产厂家破产吗？难道我们厂上千名职工情愿失业，重新到社会上待业吗？请问，谁能使无线电厂不破产？谁能使上千名职工不失业？是能人，请站出来说话，有高招，请拿出来！你们反对兼并，拿出主意来！”

愤怒的人群开始平静了下来，他面对着上千双翘首以待的眼睛，接着说：“我吴某人不是资本家，是国家干部。就我个人而言，叫我兼并无线电厂，我才不干呢！我又何必自讨苦吃？可我是共产党员，看到国家受损失，我于心不忍啊！”

这时有人站起来说：“我要问你，你能保证我们不失业，无线电厂不破产吗？”

吴厂长说：“有些同志对我不信任，这是可以理解的，因为不了解嘛。请大家放心，从并厂后第一个月起，如果再亏损，由我吴某人负责。我和大家同舟共济。如果要下海，我第一个带头跳！至于具体办法，我这里就不说了！”

这时，全场爆发出雷鸣般的掌声。

在当时骚乱的情况下，面对愤怒的人群，训斥制止都不行，婉言相劝更不行。这时，吴厂长直言并与不并的利害得失，终于打破了人们的认识障碍，镇住了混乱的场面，又消解了大家的怨气。

下属与上司的不同之处在于，上司除了关心自己的利益之外，更应该关心单位的整体利益，而下属则有权关注自己的切身利益胜过关注整体利益。因此，对下属说话应该常记住“晓以利害”这一技巧，当他们对某件事有与上司不同的想法时，作为上司的你就应该明智地对他们做一番权衡利弊的分析，只有让他们觉得你的决定才是真正有利于他们切身利益的时候，他们才会真心地消除不满，转而支持你的工作。

2. 抓住实质

下属的怨气很多时候是不理性的，主管要学会从理性的角度去说服。所谓理性，就是要将事情的本源和客观规律作为谈话的切入角度。

冯玉祥当旅长时，有一次驻防四川顺庆，与一支“友军”发生矛盾。这支“友军”将骄兵惰，长官穿黑花缎马褂、蓝花缎袍子，在街上招摇过市，极像当地的富豪公子。有一天，冯玉祥的卫士来报：“我们的士兵在街上买东西，他们说我们穿得不好，骂我们是孙子兵。”

冯玉祥看到自己穿的灰布袄，便说：“由他们骂去，有什么可气的。这正是他们堕落腐化、恬不知耻的表现！”为了避免士兵们由于心里不平衡而生闷气，冯玉祥立即集合全体官兵，进行训话：“刚才有人来报，说第四混成旅的兵骂我们是孙子兵，听说大家都很生气，可是我倒觉得他们骂得很对。按历史的关系来说，他们的旅长曾做过 20 镇的协统，我是 20 镇里出来的，你们又是我的学生，算起来，你们不正是矮两辈吗？他们说你们是孙子兵，不是说对了吗？再拿衣服说，绸子的儿子是缎子，缎子的儿子是布，现在他们穿绸子，我们穿布，因此他们说我们是孙子兵，不也是应当的吗？不过话虽这么说，若是有朝一日开上战场，那时就能看出谁是爷爷，谁是真正的孙子来了！”几句话把官兵们说得大笑起来，再也不生闷气了。

冯玉祥正是抓住了问题的实质，即军队就是比赛打仗的，而不是比赛穿衣服的，因此他把手下人说得心服口服。

当下属心怀怨气的时候，单纯劝导难以起到真正的作用，只有把他们心中的怨结打开，才能让他们豁然开朗。而打开怨结的关键就是抓住令他们生气的问题的实质，带领他们走出思想的误区。

3. 主动自责

谁都有犯错的时候，不要以为自己是领导就高高在上，当自己说错话、办错事时不妨主动承认自己的错误，只有这样才能让员工消解怨气，让自己树立威信。

当下属因为你过激的批评而心怀怨气时，能主动找到下属，做真诚的自责，实际上就是传达一种体贴和慰藉，责的是自己，慰的是下属。这有利于在对方本已紧凑的心里空间辟出一块“缓冲地带”，让命令得以执行，工作能够顺利地开展下去。

领导力金言

当下属心怀怨气的时候，单纯劝导难以起到真正的作用，抓住令他们生气的问题的实质，带领他们走出思想的误区，打开他们心中的怨结，才能让他们豁然开朗。

站在对方的立场，是最有力的说服

生活中，往往不缺乏控制欲和主导意识很强的人，当别人的意见和自己的意见发生冲突时，这类人一般都会使出浑身解数说服别人，让他们强行接受自己的观点，直到别人都站在自己的立场上。

这种做法，赢了当前，却失了人心。没有人愿意被人强按头，愿意被人强制牵引。

生活中，也不缺乏自私、只考虑自己利益的人。尤其在职场中，有些领导只关注自己的利益，丝毫不考虑员工的利益，当二者发生冲突时，他们往往只站在自己的角度，考虑自己的得失。这种做法，得了小利，失了大利，没有人愿意再追随。这就好比，钓鱼要用蚯蚓做诱饵，鱼儿才会上钩，如果用鱼儿根本不会吃的蔬菜做诱饵，自然一无所获。

所以，作为领导者，说服下属的时候，不能有强势的态度和自私的心态，要站在他们的立场上，为他们多考虑，多了解他们的态度和需求，为他们争取利益，然后因势利导，满足他的心理需求，才能最终说服他。要知道，有了追随者，自己的利益就“不请自来”。

有时候，我们也会遇到一些固执已见的人，甚至明明知道是错的，也不会接受被人批评的意见，撞了南墙也不回头。对待这一类人，站在他们的立场去说服他们，也是最好的办法。

董文涛是一家小型广告公司的职员，他嫌公司老板给的工资太低，于是提出了辞职请求。

公司老板问：“你真的要辞职吗？”

董文涛回答：“没错，反正咱们公司有没有我都可以运转，就请您批准吧！”

公司老板心平气和地说：“小董啊，你先别着急，咱们先聊聊。就算你不在这儿工作了，也可以把你今后的计划告诉我，我帮你参考参考，也许会对你有一些帮助，让你少走一些弯路，你看怎么样？”

董文涛固执地说：“以后的路我还没有想好怎么走，不过我已经决定要辞职了，因为工资太低，勉强够我的食宿费，生活很困难。”

公司老板开导说：“当初你来的目的是学习技术，缺乏经验才导致工资这么低，本身就是为了学习嘛，在学校或培训班学习不仅没工资，还要交学费呢！而且在学校学习毕竟不是实战，等学成后依然缺乏经验。现在这点工资确实不够你花的，不过我建议你把目光放远一些。咱们这个行业创业成本低，主要就是技术，等你掌握好技术，可以自己开一家公司。现在你离开容易，再找到合适的工作就不容易了，毕竟你没什么经验，也不具备这方面的技术，你觉得呢？”

这正是董文涛所担心的，一旦离开这个岗位，再找到一个相应的岗位可就没那么容易了。再三考虑之后，董文涛决定再留一段时间，等把所有的技术都掌握了，然后看具体情况再做决定。

俗话说得好：“推己及人，将心比心，人同此心，心同此理。”说服以失败收场，一般都是因为说服者只站在了自己的角度去考虑问题，丝毫没有顾忌他人的感受。上面的例子中，当老板听到董文涛要辞职时，首先没有考虑自己失去一个员工而导致岗位空缺的利弊，相反站在了董文涛的立场上，分析了他的处境和心理，告诉他这是没有长远考虑和规划自己未来的做法，弊大于利，是冲动的表现。董文涛听后，就留下来了。这就是站在别人的立场去说服别人的魅力所在。

有人的地方就有分歧，领导和下属产生分歧的情况也会经常出现，而领导又不能逃避，必须面对。面对和自己存在分歧的下属，站到他的对立面和他针锋相对地争论下去并不是一个很好的对策。日常生活中，当我们和朋友、亲人发生争执，就算是一些芝麻绿豆大的小事，站到对立面争论也会导致双方关系剑拔弩张。在争论的过程中，双方总是互不退让，都想压倒对方。这种处理方式无助于任何问题的解决，只会伤了双方的和气，甚至会导致双方的关系恶化，变成针锋相对的仇人。

交际学大师卡耐基说："和人交流时，先不要谈论俩人存在分歧的问题，而是要反复强调俩人见解相同的事情，这样才能让对方认可你的观点。"领导者在说服下属时，不要和他们站在敌对的立场，先让下属觉得彼此之间还有有共识的东西存在，然后换位思考，再晓以利弊。

领导力金言

领导者在说服下属时，不要和他们站在敌对的立场，先让下属觉得彼此之间还有有共识的东西存在，然后换位思考，再晓以利弊。

LEADERSHIP

第八章

删繁就简三秋树，
领异标新二月花

创新摧毁旧世界，却也开辟出新世界

罗丹曾说过："真正的艺术家用自己的眼睛去看别人看过的东西，在别人司空见惯的东西上发掘出美来。"这句话说明了思路开阔的重要性。当今社会，商家之间的竞争越来越激烈，有时一个打破常规的好主意就能产生异乎寻常的效果。

一家规模不大的建筑公司在为一栋新楼安装电线，它们要把电线穿过一根10米长、直径只有3厘米的管道，但是管道是砌在砖石里的，并且弯了四个弯。他们感到束手无策，显然，用常规方法很难完成任务。

一位爱动脑筋的员工想出了一个非常新颖的办法，他到市场上买来两只白老鼠，一公一母。他把一根线绑在公鼠身上，并把它放在管子的一端，另一名工作人员则把那只母鼠放到管道的另一端，并轻轻地捏它，让它发出"吱吱"的叫声。公鼠听到母鼠的叫声后，便沿着管子跑过去找母鼠，它沿着管子跑，身后的那根线也被牵着跑。因此，工人很容易就把那根线的一端和电线连在了一起。就这样，穿电线的难题顺利得到解决。这位爱动脑筋的员工因此得到了上级的嘉奖，并被委以重任。

心理学研究结果表明，我们所使用的能力，只占我们所具备能力的2%～5%。一般情况下，按常规办事没什么错。但是，当常规已经不适应变化了的新情况时，我们就应解放思想，打破常规，另辟蹊径。只有这样，才可能化缺点为优点，化弊端为有利，化腐朽为神奇，在似乎绝望的困境中寻找到希望，创造出新的生机，取得出人意料的胜利。

在某次欧洲篮球锦标赛上，保加利亚队与捷克斯洛伐克队相遇。当比赛只剩下 8 秒钟时，保加利亚队以 2 分优势领先，可以说是稳操胜券。但是，那次锦标赛采用的是循环赛制，保加利亚队必须赢球超过 5 分才能取胜。可要用仅剩的 8 秒钟再赢 3 分，谈何容易。

这时，保加利亚队的教练突然请求暂停。许多人认为保加利亚队大势已去，被淘汰是不可避免的，教练很难有回天之力。暂停结束后，比赛继续进行。这时，球场上出现了令众人意想不到的事情：只见保加利亚队拿球的队员突然运球向自家篮下跑去，并迅速起跳投篮，球应声入网。

全场观众目瞪口呆，这时全场比赛时间到。当裁判员宣布双方打成平局需要打加时赛时，大家才恍然大悟。保加利亚队的出人意料之举，为自己创造了一次起死回生的机会。加时赛的结果是，保加利亚队赢了 6 分，最终赢得了比赛。

世界万物无不处于变化之中，时代和社会不断变化更新，人们的消费心理也在不断改变与更新。今天的方法明天就会过时，今天保持平衡状态的系统，明天就会失序。英国哲学家培根 300 多年前就曾强调：“不愿用新式疗法的人必见新灾，因为时间正是最伟大的改革者。”如果一直照着原来的方式去做，不论做什么都以不变应万变，企业定然难以为继。

事实证明，并不是每个人都可以成功地发挥自己的创造力，从而取得别人所不可能取得的成绩。人们不能发挥创造力的原因有很多，有的是因为心中存在某些固有的观念，有的是存在某种障碍，还有的是因为没有处理好与创新的各种关系。所以，员工要提高和发挥自己的创造力，必须突破各种思维障碍，敢于打破一切常规。

创新肯定会摧毁现有的一些东西，然而有勇气的人对此并不惧怕，他们敢于踏入创新的世界。所有合格的团队成员都应该用自己的智慧和勇气承担起应负的责任，抓住稍纵即逝的机会让自己所在的组织向更好的方向发展，那么创新举措就能够成功实施。

下面三点，也许可以给你一些有益的启示。

第一，敢于打破常规，善于接受新事物。

第二，消除对创新的恐惧，把它变成一次绝佳的机遇。

第三，靠自己已经掌握的还称不上丰富的知识全力以赴。

故步自封的人总是害怕打破现状，打破常规，打破曾经取得过成功的经验和做法；总以为保持现状才是最安全保险的，破坏现有的格局可能会带来一些意想不到的、也许是无法应付的棘手问题，把自己带入一个混乱的世界；他总以为常规才是最可靠的，随着实践的发展和客观情况的变化，一些条条框框虽然面临挑战，但迎接这种挑战要承担很大的风险，不如在既成的轨迹上爬行，在蜗牛壳里进出，既稳妥可靠又方便省力；他们总以为成功的经验和做法是经受过实践检验的，可借用、遵循仿照的价值最大，自己另起炉灶则容易砸锅。这样一来，生机和活力就不存在了，走向失败的速度也就更快了。

领导力金言

> “不愿用新式疗法的人必见新灾，因为时间正是最伟大的改革者。”如果一直照着原来的方式去做，不论做什么都以不变应万变，企业定然难以为继。

准确把握市场命脉，该出手时就出手

“快鱼吃慢鱼”是思科CEO钱伯斯的名言，他认为：“在Internet经济下，大公司不一定打败小公司，但是快的一定会打败慢的。Internet与工业革命的不同点之一是，你不必占有大量资金，哪里有机会，资本就很快会在哪里重新组合。速度会转换为市场份额、利润率和经验。”

当今社会，市场竞争异常激烈，市场风云瞬息万变，市场信息的传播速度大大加快。可以说，谁能抢先一步获得信息、抢先一步改革以应对市场变化，谁就能捷足先登，独占商机。因此，作为企业领导者，你一定要明白，这是一个“快者为王”的时代，速度已成为企业的基本生存法则，企业改革容不得你“慢一步”。否则，你就会被市场这个大鱼塘中的“大鱼”吞噬。对此，有个著名的“快鱼法则”，就是，现代竞争“不是大鱼吃小鱼”，而是快的吃慢的。

根据这一法则，市场竞争下，几乎所有的企业都用浑身解数进行快速改革，因为市场先机稍纵即逝，速度就成为获胜的关键因素之一，此时市场的成败，就不能仅仅以“大鱼”“小鱼”而论，而要看

“快”与“慢”了，由此形成了“快鱼吃慢鱼”的结果。

因此，我们发现，在改革创新发展中，速度成为获胜的关键因素之一。

当然，“快鱼吃慢鱼”强调了企业领导者对市场变化的快速反应，但绝不是盲目追求扩张和仓促出击，正相反，真正的快鱼追求的不仅是快，更是“准”，因为只有准确地把握住市场的脉搏，了解改革的方向，快速出击才是必要而有效的。

那么，从“快鱼法则”中，作为企业的领导者，你该如何进行快速改革呢？

1.“快动”——高瞻远瞩的战略眼光

在激烈的竞争中，谁的紧迫感强，谁的反应快，谁就能领先一步，成为抢占先机的“快鱼”。

当然，“快”其实体现的是一家企业领导者高瞻远瞩、洞察未来的战略眼光，是企业战略远见的表现，而非简单的执行力的效率高。一次成功的企业改革，必定是经过深思熟虑的，之所以会让旁观者认为其行动迅速、先于其他人而动，关键在于其长远的预见性。唯有企业的领导者具有对商业环境和市场态势深刻的洞察力，先于别人看到了未来的趋势和变化，才能从容不迫地做出快速反应和抢占先机。

因此，企业要做经济大潮中的“快鱼”，其领导者就必须解放思想，具备超前的观念和敏锐的眼光；看准的事，应该雷厉风行，不能患得患失，更不能纸上谈兵。

2. 风险意识上的“快”

现代商业环境变幻莫测，一个企业的优势很快就会转化为企业的劣势，企业时刻面临着未知的突发困难，企业领导者在对企业改革的时候，也必须时时保持着危机感，才能带领企业克服一个个困难，走过一个个困境。

3. 高效低廉的管理成本

若企业机构、机构臃肿，那么，企业工作效率就会低下，即便领导者做出极具前瞻性的战略决策，但是由于组织执行力的效率低下，最终还是会失去先机，变成慢市场半拍的“慢鱼”，长此以往，只会被短小精悍的“快鱼”所吃掉。很多大型企业往往不缺乏优秀的领导者、人才和优秀的技术，却往往在市场上败给能力并不突出的小企业，就是因为缺乏高效的管理体制。

总之，如果一个企业的领导者具有高瞻远瞩的战略眼光、有着灵活敏锐的市场直觉、保持如履薄冰的危机感并有着高效低廉的管理成本，那这家企业何愁不能成为一家能够时刻做出快速反应的企业？何愁不能成为一条在市场中游刃有余的“快鱼”？

我们再来看一个故事：

两个人在树林里过夜。早上，突然树林里跑出一头黑熊，他们中的一个人忙着穿球鞋，另一个人则说：“你把球鞋穿上有什么用？我们又跑不过熊！”忙着穿球鞋的人说：“我不是要跑过熊，而是要跑过你。”

这个故事听起来有点无情，但“快鱼”时代，“快”者生存，竞争就是如此。

领导力金言

作为企业领导者，你一定要明白，这是一个“快者为王”的时代，速度已成为企业的基本生存法则，企业改革容不得你“慢一步”。

突破阻碍创新的固有模式

当你做事时，你创造性的大脑仍在运转着，直到豁然开朗的那一刻，酝酿成熟的思想会喷薄而出。有些人说，当他们参加一些与某项工作完全无关的活动时，这个豁然开朗的时刻常会突然来临。

这方面最著名的例子，要属希腊思想家阿基米德。当他在洗澡时，他豁然开朗的那一刻来到了，他光着身子跑出来，穿过雅典的街道，大声地喊道：“我找到了！我找到了！”

在我们的日常生活中，肯定也有过这种“我找到了”的体验。有时候，我们绞尽脑汁也想不起来某个人的名字或某些重要的细节。在这个时候，如果你停下来，不去想这个问题，把注意力转移到其他事情上，你常常会发现这个百思不得其解的问题会突然出现在你的脑海中，仿佛你的大脑运行着一个计算机程序，它不停地进行扫描、处理，直到答案突然出现在屏幕上。

创造性思维一个重要的阶段就是停止你的工作。虽然你有意识的大脑已经停止了积极的活动，但是你的大脑中无意识的部分仍在继续运转——处理信息、使信息条理化、最终产生创新的思想和办法。

这个过程其实就是酝酿与众不同想法的阶段，如同雏鸡在鸡蛋里逐渐生长直至破壳而出的过程一样。

当然，要想让这个过程发生，你必须给它足够的时间。尽管你可以用提高温度的办法加快雏鸡孵化的过程，但是创造这个过程不能被人为地缩短。你需要给创造力预留出足够的运作时间。

你应该把回想生活中你曾有过的“我找到了”的时刻当成一种习惯，并在你的大脑深处将其铭刻下来。这也是一种解决问题的独特方法，以及一条实现目标或提出有创意观点的途径。

权威研究表明，每个人都有创造的无限潜能，大多数人只发挥了他们才能的极小部分。实际上，研究发现，人们在孩提时期最具创造力，而以后人们的创造力会逐渐地衰退，变得没有想象力，而且随着人们年龄的增长，由于害怕失败，我们也会变得不太愿意去尝试新的事物，喜欢从众，喜欢跟风。

随着年龄的增长，这一切慢慢地发生了变化。现实的力量在扼杀我们的想象力，我们越来越把注意力放在了现实生活上，而忽视了对可能性的关注。社会希望人们从众，与团体保持一致的压力日益增强，无论这个团体是我们的朋友、家庭或是同事，对着装、举止、说话和思想都有一定的“准则”。当我们偏离这些准则时，我们就不会被社会接纳，就会受到他人的嘲笑。

很多团队或组织对喜欢独立思考和有创造性的人都无法容忍。试想一下，在你的生活中，当你提出了一个新观点或完成某项艰巨任务的独特办法时，其他人对你的想法持否定态度吗？你敢于背离传统，为此遭受了恶劣的后果了吗？如果答案是肯定的，有此遭遇的人绝不仅仅只有你一个人。人们为何对有创造性的观点持排斥的态度?

不知道你听没听说过“桶里的螃蟹”这则寓言，如果你看过或听过，就能找到部分答案了。

如果把一只螃蟹放进桶里，它会想办法用一只爪钩住桶的边缘而逃走。但是，如果将几只螃蟹同时放进桶里，任何一只螃蟹都很难逃走，因为只要一只螃蟹靠近桶边，其他螃蟹就会一拥而上，把它拉回来。

在这里，螃蟹可能只是下意识地去阻挠同伴的成功，但这种现象似乎很典型地反映了人类的某种行为。

创造性潜能的发挥并不容易，障碍重重。追求创造性不可避免地会面临失败，我们要设法打破常规，突破固有的模式，超越传统的做法。

领导力金言

创造性潜能的发挥并不容易，障碍重重，我们要设法打破常规，突破固有的模式，超越传统的做法。

顾客是否愿意花钱，是对创新质量的考验

总经理一定要有理想，但不要理想化。理想与现实是人类永恒的话题，认清两者之间的关系对企业来说尤为重要。总经理若空有理想，而没有对现实和环境的认识，那么企业很可能还没成形便已夭

折。一个过于理想化的总经理，往往会令企业的成长道路布满荆棘。

1987 年，留学日本的何鲁敏谢绝了日本方面的高薪挽留，带着 9 箱技术资料回到国内。何鲁敏是一个纯粹的技术人员，他完全可以进入国家科技部门从事技术研发工作，但是他选择了创业。

那时候，中国人均 GDP 才 290 美元，何鲁敏却把创业的目光瞄准了空气加湿器。

加湿器、净化器这个产业在国外叫 IAQ（英文 Indoor Air Quality 的缩写），即室内空气品质行业。它的市场容量和人均 GDP 呈正比例关系，一般人均 GDP 在 4000 ~ 5000 美元的时候，这个行业才会出现比较大的增长。

当时对这些情况一无所知的何鲁敏带着一腔热血，头也不回地跳进了这个非常冷门的领域。很快，对做生意过于理想化的何鲁敏遭到了来自市场的当头棒喝。

创业之初，何鲁敏相信科学技术是第一生产力，一个企业中没有比技术更有用、更值钱的东西了。后来他发现不完全是这样的，技术先进并不是一个企业成功的先决条件。当公司做市场调查时，才发现最先进的东西消费者未必接受，消费者接受的东西未必是最先进的。

好在抗挫折力极强的何鲁敏一路坚持，终于取得了成功。如今，亚都不仅坐稳了国内同行业老大的位置，也成为 2008 北京奥运会的空气质量独家供应商。

回忆起年轻时的创业经历，何鲁敏忍不住感叹：“太前瞻了不一定是好事，可能会遇到许多倒霉事。但好在亚都不断地遇到倒霉事，也不断地遇到机会，最终还是伴随着中国的 GDP 一起成长起来了。”显然，成长过程就是不断将目标褪去理想色彩的过程。只有将目标完全与现实的市场需求对接起来，目标才可能实现，事业才可能获得发展。

德鲁克说：“创新的考验在于能否创造价值。”创新的考验也是对质量的考验，并不是“我们是否喜欢这个创新”，而是顾客“是否愿意花钱购买这个创新”。

领导力金言

创新的考验在于能否创造价值。创新的考验也是对质量的考验，并不是“我们是否喜欢这个创新”，而是顾客“是否愿意花钱购买这个创新”。

“没有问题”，可能就是最大的问题

我们不能祈求在自己成功或辉煌之后就没有问题，更不能祈求一个团队中没有问题！因为，最大的问题，可能恰恰是“没有问题”。团队的发展就是一个不断遭遇问题、发现问题、正视问题和解决问题的过程。旧的问题解决了，新的问题又产生，不能厌烦，不能躲避！领导者唯一能够做的，就是提升自己洞悉问题和解决问题的能力。

有一位大学毕业生，在一家著名刊物上发表了一篇文章，讲述自己毕业后第一份工作中的经历。

他在校期间成绩很好，毕业后到一家大型企业去应聘。人事部对他的履历和面试表现十分满意，还当即打电话叫财务经理对他进行面试。他在财务经理面前的表现也十分出色，于是很快被正式录用了，在财务部工作。由于部门里只有他一个名牌大学生，大家对他都很尊重。这本来是很好的事情，但他却因此不知不觉地产生了骄傲情绪，任何时候都是一副“我很能干、没有问题”的派头。开始时，财务经理好心提醒过他，但他总是一笑而过，不以为意。

不久，财务经理交给他一份工作，让他凭证录入原材料明细账。这本来是件极为简单的工作，不过就是将数字转抄一下而已。1000多张凭证他两天就抄完了，为此，他还觉得有些不满，认为自己大材小用了，言语之间颇有微词。但是，到第6天开始核对总账时，他惊奇地发现自己对不上账。不管怎样反复核查，就是与总账对不上。这时，他不是细致地检查自己的工作，而是怀疑总账有误。他再一次自信地找到财务经理，用极其肯定的语气表示自己没有错，应该是总账错了。财务经理要他再仔细检查一遍自己的账目，但他拒绝了。

财务经理只得亲自复核，结果不到10分钟就查出了一笔错误：他在一个数字前面多加了个“2”，这一来，二者之间相差近10倍！他很羞愧，但是财务经理不再给他机会，而是征得人事部同意，将他辞退了。尽管他苦苦求情，但仍然没有得到原谅。

临行时，财务经理与他谈了一次心：“小伙子，你很聪明，但不能聪明得过了头。你很傲气，这可以理解。但工作需要的不是傲气，而是脚踏实地。别小看一个数字的错误，公司可能因此遭受巨大的损失，这个责任由谁来负？我的年龄足可以做你的父亲，本来我可以原谅你，但是我想如果不让你遭受一点挫折，你就很难吸取教训。希望你从此不要盲目地说‘没有问题’，凡事多想想自己有什么做得不好或不够！”

因为一个小小的数字错误，就将一份好好的工作丢掉了。这看起来好像有点“冤”，但也怨不得别人。在这个越来越讲究职业操守的时代，以“没有问题”来敷衍工作的人，只会越来越不受欢迎。许多大的失败，往往是由于“没有问题”造成的，有时甚至人们会因此付出高昂的代价。

世界上的东西都是辩证的，困难与问题固然会给我们带来烦恼和痛苦，但是，遭遇困难和问题不但是人生的必然，而且对我们的成长、发展和创造都有积极意义。因此，善于发现问题才能促使我们去分析和解决问题，进而将困难与问题转化成机会。

巨人集团曾经是中国最引人注目的高科技企业。1991年，珠海巨人新技术公司诞生时，史玉柱宣称“巨人要成为中国的IBM，东方的巨人”。

依靠开发电脑软件，巨人曾经创造出年利润以500%的速度增长的奇迹，巨人集团一下子成为珠海高科技产业的样板。1994年，史玉柱当选“中国十大改革风云人物”。但就在这时，他在决策上出现了失误，开始走盲目扩张之路。

当时全国正值房地产热，巨人集团决定抓住这一时机，进行房地产开发，投资额一加再加，最后要拿出12亿元兴建巨人大厦，计划建成全国最高的大楼。之后遇到国家宏观调控政策出台，公司资金陷入困境，1996年，巨人集团破产。

巨人集团的破产，印证了拿破仑的一个理论：“最危险的瞬间往往发生在成功的瞬间。”

一个团队每个大的失败，前面总有一个几乎同样大小的成功。无数事实证明，成功很容易让人失去理智，从而制造出巨大的危机。

东汉末年的关羽，水淹曹操七军，吓得曹操准备迁都，但这时的他由于盲目自大，中了东吴吕蒙的计谋，导致兵败被杀；明末的李自成，也是在推翻明朝统治之后，在京城耀武扬威时，被关外的八旗兵打败。

日本的和田一夫，也曾有过失败的经历。他是日本八佰伴公司的负责人，在半个世纪中将一家乡下蔬菜店，发展成为在世界各地拥有400家百货店和超市、年销售额突破5000亿日元的国际流通集团，旗下多家公司的股票在日本、新加坡、中国香港地区、马来西亚上市，引起全世界的关注，被称为“世界的和田”。

1990年，和田一夫将八佰伴集团总部移到香港，后又移到上海。企业的高速发展，使他骄傲而盲目地自信，做出了不谨慎的判断，大肆扩张，危机悄然来临。1997年，八佰伴集团的核心公司——日本八佰伴公司出现经营危机，负债1600亿日元，公司不得不宣布破产。和田一夫一贫如洗，不得不租屋而居。

1998年，年过七十的和田一夫创办了一家经营顾问公司，决心将自己的经营经验和失败教训传授给年轻的经营者们。他谈得最深的一个教训就是：“我在经营企业最困难时，往往会做各种各样的努力去克服困难，但在事业成功时却会骄傲自满，造成判断失误。由此看来，事业取得最大成功时，风险也最大：失败是人生财富，成功是最大危机。”

有一个思想家讲过这么一句话：“人人都想真理站到自己这边来，就是不想自己站到真理那边去。”许多人都是过于自信而栽了跟头，因为他们总是被胜利冲昏头脑，因为那时他们的脑袋中只有一句话——“没有问题！”

领导力金言

以“没有问题”来敷衍工作的人，只会越来越不受欢迎。许多大的失败，往往是由于“没有问题”造成的，有时甚至人们会因此付出高昂的代价。

没有规矩，也可以成方圆

现在的市场，竞争越来越激烈，激烈的竞争环境下，想要突破重围，求得生存，就要创新，这是企业发展的最佳手段。而创新就是要打破现有的规则，开动脑筋，解放思想，敢于异想天开，走别人没走过的路，开发未被竞争对手发现的新大陆，创造出新的市场、新的产品。

现在风靡全球的苹果手机，在乔布斯刚刚设计它的时候，世界移动通信领域还是诺基亚横行的年代。乔布斯没有畏惧强敌，没有因为诺基亚是老前辈就退缩，也没有遵循老一代电子产品大鳄的发展模式，而是打破常规，打破常规思维，创造出了独一无二的苹果手机。

苹果的出世，一下子就给手机市场带来了一股独特的风格，立刻就吸引了大众的注意。苹果手机采用全新的界面，打破了以前所有手机的外观样式和主题界面，打造出了只属于自己的IOS系统。苹果手机一经上市，就获得了大家的好评，苹果的全球销量猛增。现在，在手机通信业，苹果依然独领风骚。

企业的发展，不能依靠模仿，模仿不是长久之计，要想有自己的一席之地，就要有自己有特色的地方，而按照既定的规则，是很难有所突破的。因为已经有公司做到了业界的水平，如果你还是照着老路去走，那不过是在走别人走过的路，很难在激烈的竞争中脱颖而出。另辟蹊径，杀出一条血路，才是生存的真理。

“没有规矩，不成方圆”，这是自古传下来的道理，但有时候，它也像一个牢笼一样束缚着人们的思维，让我们在一个框架之中走不出去，无法创新。而当今世界是一个急需创造力、急需创新的时代，墨守成规往往要被淘汰。世界变化莫测，只有敢于打破规则，才能在原有的基础上有所突破，取得实质性的进步。

一个富于创造力的人，即使在不景气的时候也可以突破困境，开创新机。但是一个只会模仿别人的企业，当碰到真正的困难的时候，就束手无策了。

可能大家都听过山羊过独木桥的故事。当两只山羊都要过河，但是桥却只是独木桥的时候，仅仅能够容纳一只山羊过去，通常情况下也只能选择一只山羊过桥。但是有一次，两只山羊打破了这个规则，彼此相互抱住，转身换位，全都顺利过了桥。有时候事情并不是只有一种解决方法，也不是只有按照制定的规则才能够完成，换个思维方式，换个处理方式，也许就会收到意想不到的结果。

参加过《中国达人秀》的无臂钢琴王子刘伟，用自己的行动向世人说明了一个道理：谁说弹钢琴一定要用手，用脚也能弹奏出美妙的音乐。

在很小的时候，刘伟就有一个当音乐家的梦想，可是现实非常残酷，一场突如其来的车祸无情地夺去了刘伟的双臂，使他永远失去了用双手弹奏钢琴的愿望。

车祸之后的几年里，刘伟的内心非常痛苦，很难接受这个事实，对于生活几乎失去了希望。过了好长时间，在家人和朋友的鼓励和帮助下，刘伟终于重新燃起了对音乐的热爱，让刘伟没有放弃本来的梦想。不能用手弹钢琴，那就换个方式。有谁规定弹钢琴一定要用手？虽然没有了手，但是还有脚啊。

当时，刘伟这样安慰、鼓励自己，当看到有失去双臂的人依然可以用脚写字、吃饭的时候，刘伟内心无比激动，他决定尝试一下。接下来的日子里，刘伟承受了比一般人多得多的磨难，脚可不像手那样灵活，拿筷子都非常困难，何况是弹钢琴呢？但是刘伟没有放弃，既然决定了，就要义无反顾地去努力。

最终，功夫不负有心人，在无数汗水洒尽之后，刘伟凭借自己的勤奋和天赋，弹得一脚好钢琴，最后弹琴弹到了维也纳金色大厅。刘伟用自己的双脚弹奏出了自己别样的人生，他向所有的人证明了，没有什么事情是固定的，打破规则一样可以创造奇迹。

规则不过是人们的一种习惯，但却并不是一成不变的，人不必被死的规则束缚。就像刘伟一样，没有人说没有双手就是给自己的音乐梦想关上了大门。企业也是一样，只要是在不违法的前提下，打破规则，很有可能使自己脱颖而出。

试想，如果一个老板，只知道按部就班，几十年如一日地从事生产经营，不重视信息时代的大环境，不紧跟时代潮流、消费者的需求，那么传统的旧工艺、传统的产品，就会因为和社会脱节而被淘汰。所以，现在有很多传统企业都在谋求创新。全球统一口味的肯德基在进入中国市场之后，都调整了自己的配方，并新推出了符合中国人口味的豆浆、油条早餐搭配。

中国传统老字号瑞蚨祥，也开始放弃单一的丝绸旗袍工艺，加入了西方蕾丝工艺，设计出更符合当代人审美的服装。这些都是打破常规，敢于创新的事例。对于现在的企业来说，不创新，就灭亡，这可能一点都不夸张。因为时代在改变，企业必须做出调整。

人都有猎奇、好奇的心理，对新鲜事物充满了兴趣，任何东西，时间长了，人都会产生厌倦。高速发展的社会，需要企业不断地做出改革、创新，生产出新的产品。这是时代所需，作为企业的领导者必须适应时代的要求，敢于打破常规，出奇制胜。

领导力金言

当今世界是一个急需创造力、急需创新的时代，墨守成规往往要被淘汰。世界变化莫测，只有敢于打破规则，才能在原有的基础上有所突破，取得实质性的进步。

在细节中发现创新的种子

老子说："天下难事，必做于易；天下大事，必做于细。"只有重视细节，并从细节入手，才能取得有效的创新。管理大师德鲁克说："行之有效的创新在一开始可能并不起眼。"而这不起眼的细节，往往就会造就创新的灵感，从而能让一件简单的事物有了一次超常规的突破。

在北美的大学校园里，海尔的一种只有60升的小冰箱特别受欢迎，但包括张瑞敏在内的海尔人自己都不明白为什么卖得好。为了解开这个疑团，张瑞敏特地派数人到美国校园里调查，后来发现销量大的原因是海尔冰箱的顶部最平整——在美国的学校宿舍里，空间狭小，这种小冰箱的顶部可以当桌子使用。受此启发，海尔在冰箱顶部加了折叠板，令桌面更大，后来又采纳建议，在桌面下加了一个抽拉板放键盘，这样这个小冰箱又变成了一个电脑桌。

事实上，海尔在细节上创新的案例可谓数不胜数，仅公司内单以员工命名的小发明和小创造每年就有几十项之多，如"云燕镜子""晓玲扳手""启明焊枪""秀凤冲头"，等等，而且这些创新已在企业的生产、技术等方面发挥出越来越明显的作用。

善于发现细节，在创新思维的指导下化平凡为神奇，就能掌握到更多的机会，从而能多角度、多渠道地解决好问题。拥有这个本领，团队的创造力就会得到极大的提升。

自新任老板长川上任以后，常磐百货公司营业额每年翻一番，其经营物品几乎包揽了全县所有人的日常生活用品和食品。长川成功的秘诀是什么呢？

原来他刚刚到常磐百货公司上任时，公司只是一个很普通的生活用品商场，和他们公司同样大小的百货公司县城还有五家。怎样才能在竞争中尽快地出效益呢？

如今人们买东西常集中采购，为防止丢三落四，先写一个购物清单。有一次，长川看见一位女顾客买完一件东西要走时，把一个字条扔到商场门口的纸篓里，他马上跑过去捡起来，发现上面写了顾客需要的另外两种东西，他们商场里也有，只是质量不如顾客点名要的品牌好。他根据这一信息，他更换了该商品的品牌，果然产生了很好的效果。于是长川经理开始每天把废纸篓里的字条全部捡回去，仔细研究顾客的需要。很快，他就知道了顾客对哪几类商品感兴趣，尤其青睐哪几种牌子，对某类商品的需要集中在什么季节，顾客在挑选商品时是如何进行合理搭配的，等等。在长川经理的带动下，常磐百货公司总是以最快的反应速度适应顾客，并且合理地引领顾客超前消费，一下子把顾客全部拉进了他们的店里。

巨大的机会常常潜藏在一个微不足道的细节中，即使废纸篓里的一些废字条，有时也预示着某些创意。

创造性工作需要有创新精神和能力，管理者的创新能力决定着团队的创造力。有些团队的管理者总抱怨自己找不到创新的机会，根本原因就在于他们总是抬头望“天”，都不愿低头走好脚下的路；他们的目光总盯着能够震动一时的大事物，而不会从细小处着手，在细节中寻找到创新的种子。张瑞敏常说：“创新不等于高新，创新存在于企业的每一个细节之中。”

领导力金言

善于发现细节，在创新思维的指导下化平凡为神奇，就能掌握更多的机会，从而能多角度、多渠道地解决好问题。

LEADERSHIP

第九章

激励方法不可少，提高热情最有效

对员工的激励，始于清晰的职责

从前，有一个小和尚，他在寺庙里的工作就是撞钟，半年过去了，小和尚还是和刚开始一样每天重复着撞钟这项工作，他觉得无聊至极。

有一天，寺庙方丈对小和尚说："从今天起，你不用撞钟了，去寺庙后院劈柴吧，我觉得这个工作不适合你。"小和尚很不服气地问："为什么？我撞的钟难道不准时？不响亮？"

方丈耐心地告诉他："钟声是要唤醒沉迷的众生，你撞的钟虽然很准时，但钟声空泛、疲软，缺乏浑厚悠远的气势，因而就没有感召力。"小和尚没办法，只好到后院去劈柴挑水。

工作中，我们都有这样的感慨，如果我们无法明白地了解工作的准则和目标，那么，我们必然无法对自己的工作产生信心，也无法全神贯注，这种现象被称为皮京顿定理。这一定理是由美国皮京顿兄弟公司总裁阿拉斯塔·皮京顿提出的。

这里，"做一天和尚撞一天钟"的小和尚固然没有起到撞钟之作用，但我们并不能将全部罪责归于小和尚一身，因为方丈在小和尚从事这一工作之初，并没有告诉小和尚该如何敲，要达到什么效果。如果小和尚进入寺院的当天就明白撞钟的标准和重要性，他也不会因怠工而被撤职。

这个寓言故事告诉所有的管理者，工作标准和目标是员工工作和行为的方向盘，缺乏它们，往往导致员工失去前进和努力的方向或者导致其努力的方向与企业整体方向相背离，浪费大量的人力和物力。因为缺乏参照物，时间久了员工容易形成自满情绪，导致工作懈怠。索尼创始人盛田昭夫就是个善于为员工制定明确目标的管理者。

我们都知道，索尼公司首先研发了收音机，对此，有这样一个故事：

当井深大决定“造一部录音机”时，公司的研究开发人员都目瞪口呆，因为他们对录音带的制造、录音机的结构几乎一无所知。这听起来简直有点“荒唐”，但索尼公司的开发人员硬是把它研制出来了。

开始研发的时候，因为从来没有接触过，这些研究看似无从下手，甚至显得盲目，但这项研究和其他的盲目研究有一个本质区别，那就是后者毫无目标，而前者却是目标明确，因此只需要一步步接近目标，就不会陷于“云里雾里”的状态。盛田昭夫在开发家用录、放像机时也是如此：先给自己的研发人员制定清晰目标，然后引导他们进行开发。

这些研发人员把基础物理、基础化学等基础科学和应用物理、应用化学等具体知识糅合在一起，由基础研究过渡到应用研究，从每一个部件着手，潜心研究，细致开发，最后终于取得成功。

后来，当美国几家主要的电视台开始使用录像机录制节目时，索尼公司就看好这项新产品，预测它完全可以打入市场，走进千家万户，只要从内部结构和外观设计上加以改良，就会深受大众的欢迎。

于是，索尼公司的开发人员又有了新的奋斗目标。他们先研究现有的美国产品，认为它们既笨重又昂贵，认定这是通过研究开发加以改进的具体主攻方向。新的试验样机就这样被一台接一台造出来，一台比一台更轻盈、小巧，离目标也越来越贴近。当然感觉上，井深大总是觉得没到位。最后，井深大拿出一本厚厚的书，放到桌上，对开发人员说，这就是卡式录像带的大小厚薄，但录制时间应该在一小时以上。

这样，目标已经非常具体了。开发人员再一次运用了所掌握的基础知识，结合应用科学，发挥自己的聪明才智，进一步发挥自己的创造力，终于成功研制出了一种划时代的录、放音机。

那么，作为管理者，在为员工制定工作目标的时候，应该注意哪些呢？

1. 目标的稳定性

不是每个下属都能准确领悟领导的意图，也并不是每个下属都能自动自发地完成工作，因此，领导就必须充当发令者的角色，但领导者必须保证指令的明确性和相对稳定性，才能使下级正确理解领导的意图，并且制订出详细的计划以完成任务。

2. 目标要源于实际

盛田昭夫强调："企业领导者必须不断给工程师制定目标，这是作为领导者的首要任务。而制定的目标必须具备三重属性，即科学性、实用性、超前性，这样才能走在对手的前面，立于不败之地。不然，一旦目标不切实际，就会损失惨重，不但'劳民伤财'，还挫伤开发人员的积极性。"因此，目标的制定不能是空中楼阁、脱离实际的，它必须源于实际，符合开发研究的范围，并有一定的成功把握。

作为领导者，在管理工作中，你一定要为员工设定一个明确的工作目标，并向他们提出工作挑战，这样会促使员工创造出更高绩效，目标会使员工产生压力，从而激励他们更加努力地工作。相反，如果员工对组织的发展目标不甚了解，对自己的职责不清楚，没有明确的工作目标，必将大大降低目标对员工的激励力量。

领导力金言

工作标准和目标是员工工作和行为的方向盘，缺乏它们，往往导致员工失去前进和努力的方向或者导致其努力的方向与企业整体方向相背离，浪费大量的人力和物力。

激励，有物质的，也要有精神的

激励的类型从内容上划分，无外乎两种：物质激励与精神激励。

物质激励，顾名思义，是以满足人们的物质欲望为出发点，通过人类本能需求的满足感来调动人们向上的积极性，刺激生产动力的一系列行为手段。物质激励模式主要以额外奖金、增加薪水酬劳等直接方式来实现。员工劳动所得的薪酬是物质利益的直接表现，是让员工保持工作效率的根本之源，也是保证企业呈向上发展趋势的基本要求。

精神激励即内在激励，是指精神方面的无形激励，包括向员工授权，对他们的工作绩效的认可，公平、公开的晋升制度，提供学习和发展、进一步提升自己的机会，实行灵活多样的弹性工作时间制度以及制定适合每个人特点的职业生涯发展道路，等等。精神激励是一项深入细致、复杂多变、应用广泛、影响深远的工作，是团队领导调动员工积极性、主动性和创造性的有效方式。

那么，如何把物质激励与精神激励更好地结合起来呢？以下三点需要注意。

1. 实现物质激励与精神激励的统一

心理学家赫兹勃格在20世纪80年代提出激励员工有两种因素：一种是维生因素，是员工最基本、最原始的心理动机，它包括企业的薪酬制度、组织制度、管理方式、企业文化和工作环境等；另一种是激励因素，即管理者欲发挥员工的潜能时，必须使员工获得心理满足，它包括声望地位的要求、受尊重与承认的要求，以及更高的生活水准的要求等。但是，要满足激励因素，必须首先满足维生因素，如果管理者无法满足员工最基本的维生因素的要求，员工必然弃之而去。

员工工作的动力往往既来自精神激励，也来自物质激励，这两者本来是统一的，是可以相互转化的。但在实践过程中，人们常常把它们分开，不是搞辩证法而是搞烙饼法。过去有人把精神鼓励绝对化，否定物质激励的作用，使激励显得软弱无力，极大地挫伤了人们的积极性，阻碍了生产力的发展。当这一面烙煳了，又反过来，过度强调物质刺激的作用，否定精神的激励作用，现在看来也不灵了，出了不少问题。最大的问题是人的心灵被物化了，人的道德感滑坡了。

有个叫阿巴格的人生活在内蒙古草原，有一次，年少的阿巴格和爸爸在草原上迷了路，天马上要黑了，阿巴格又累又怕，到最后快走不动了，爸爸从兜里掏出5枚硬币说："如果你不用我的帮助，靠自己的双脚走出去，我就把这五枚硬币奖励给你。"阿巴格听了，仍旧躺在地上，没有一点要起来继续走的意思，他说："比起这五枚硬币，我更想要现在的休息。”于是，爸爸又说：“我可以背着你走出去，但是你想想，如果你靠自己的力量找到了家，这是不是你勇敢、聪明和坚强的体现？当你回去以后，你的朋友们知道了你靠自己的双脚走出迷阵这件事，以后是不是会更钦佩你、喜欢你？”阿巴格想，能受到小伙伴的钦佩，这是一件多么令人自豪的事情啊，于是他站起来，和爸爸继续赶路。

这个故事说明物质激励的动力是有限的，物质刺激并不能激发人们的思想觉悟和高尚的道德情操。仅靠物质激励而失去精神导向，就会偏离激励的方向，这也证明了一句古语：“重于物而溺于德。”

为了促进精神激励和物质激励两者的统一，我们需要营造一个“不使可欲”“以道制欲”的心理环境，并且要有一个转换机制。荀子说：“人生而有欲，欲而不得，则不能无求；求而无度量分界，则不能不争，争则乱，乱则穷。”也就是说，不能单纯用物质手段把人的欲望刺激起来，这会使人产生欲望，欲而不得，则不能不争，争就要斗、就要闹，一斗一闹，就要乱、就要垮。解决这一问题的办法是“以道制欲”，即在进行物质激励时，必须用“道”这个精神的东西来制约它，也就是在注重物质激励的时候，要注重精神的制约，同时在注重精神激励的时候，也要注重物质制约，形成一个转换机制。

2. 把握好激励方式

规范化管理的企业都比较重视激励方式的运用。

在美国通用电气公司，从秘书到司机、工人，每个人都管 CEO 韦尔奇叫杰克；每个人都时常看到他急匆匆地穿过走廊，从底层货架上拿起他要买的东西；每个人都经历过手伸进钱袋碰到奖金的惊喜之事。韦尔奇说：“关于通用电气的故事中有一点被忽略了，那就是非正式的价值。我认为这是个了不起的创见，人们可能不知道它的意义所在。”

通用电气公司的那些聚会——从每年的 1 月与 510 名高级管理人员在佛罗里达州的博卡拉顿举行的会议，到每年一度的哈德逊河畔克罗顿的会议，使得韦尔奇有机会收集到未经过滤的第一手资料。在这些聚会里，他制定或突然改变公司的议事日程，就公司的战略对公司十几个部门的负责人提出问题并加以考验，在所有人面前露面并发表咄咄逼人的意见。从接过总裁权柄开始，韦尔奇就利用各种非正式方式，如聚会等，与公司员工进行交流并随时处理公事。

韦尔奇比大多数人更懂得“突然”一词的价值，他每周都突然视察工厂和办公室，匆匆安排和低他好几级的经理共进午餐。他还通过传真无数次地向上至高级经理、下至钟点工人的公司员工发出他那独具个人魅力的“手谕”——手写便条。两天后，原件就会寄到他们手中。在这些便条里，他有时说些鼓励和鞭策的话，有时则是要求员工做一些事情。比如韦尔奇很欣赏的一位高级经理——负责钻研业务的伍德伯恩，因为不愿自己的女儿换学校，婉拒了韦尔奇给他的一次升迁机会。韦尔奇在给他的私人便条中写道：“比尔，我们喜欢你有很多原因，其中一个原因就在于你是一个非常特别的人。这样做，对于你本人和你的家人都有好处。将钻石生意经营成一项伟大的业务，坚持你的优先考虑。”这个便条对伍德伯恩很重要。“这表明韦尔奇看重我并非因为我是一名经理，而是作为一个人。”伍德伯恩说。

在他人眼中，韦尔奇是一个既令人敬畏又从无废话的领导。无论是给雇员、经理、总裁，还是董事会的董事的信函，韦尔奇从来不用套话。对于韦尔奇手下的20多名直接负责人来说，每一次加薪或减薪，每一份奖金，或每一次优先认股权的授予，总要伴随着一次关于期望和表现的坦诚交谈。高级副总裁盖利说："韦尔奇总能刚柔并济，恩威并施。当交给你奖金或优先认股权时，他同时也会让你知道他在来年想要的东西。"

这说明，无论是物质的还是精神的激励，不在于多么重，而在于激励的方式和时间是不是合适，是不是恰当。有时候领导一句肯定的话语，非正式场合拍拍肩膀的肯定，在大众面前的一个表扬，或者送个小礼品，等等，同样能取得很好的激励效果。

3. 把握好奖励的原则

从实践经验来看，要达到激励的效果，一定要把握好以下奖励原则：

（1）注重奖励的教育性和影响力；

（2）奖励的等级一定要与所获得的功绩相称；

（3）一定要重视奖励的时效性，奖励要及时；

（4）奖励要掌握分寸，绝不能过分施奖；

（5）严格掌握标准，因功授奖，不搞轮流坐庄、平均主义；

（6）注重奖励的公开性、公正性、公平性；

（7）重视授奖的仪式和授奖后的登记归档工作；

（8）在实行物质激励的同时，一定要注意道德的制约，使道德和物质奖励相适应。

坚持这些原则的目的在于使物质激励和精神激励机制更加完善、更加规范、更加有效，使团队更和谐、更发达、更有生机和活力。在实际工作中，团队领导可以运用表扬、赞赏、颁发奖状、优先职务晋升等多种精神激励形式，同时给予一定奖金、津贴、福利等物质奖励。

领导力金言

> 要将物质激励与精神激励相统一，因为物质激励的动力是有限的，并不能激发人们的思想觉悟和高尚的道德情操，仅靠物质激励而失去精神导向，就会偏离激励的方向。

特殊的激励，给特殊的你

世界上没有相同的两片树叶，同样，世界上也没有相同的两个人，换言之，每个人的性格是不同的。一个团队中，也会存在性格千差万别甚至是比较独特的人，因此，不能把一个激励方法一用在所有人身上。

1. 对于自尊心强的员工

办公室里，有这么一类人，他们的职位较低，又缺乏竞争力，兢兢业业，对待工作极其认真，又害怕失败和挫折。这些人，往往自尊心很强，面对领导的责备和批评，不容易释怀，甚至因此闷闷不乐。所以，领导的责备和批评对于他们，犹如一场突然造访的灾难，会让他们的内心感到极度不安。

对这一类人，领导要收起责备，因为责备会让他们失去对工作的热情，严重地，甚至会提出辞职。适合他们的激励方法，是赞美。赞美会让他们觉得自己受到了肯定和重视，会让他们产生一种安全感，也会让他们信心倍增。

2. 对于急于表现自己的员工

有的员工，喜欢让大众知道自己的闪光点，在工作中，他们往往急于表现自己，让自己的才能“暴露”在光天化日之下，他们唯恐领导看不到他们的贡献。由于这种心理，他们往往会使用一些手段，甚至不顾及是否会对他人造成影响。

对这一类人，不可采取的是置之不理、听之任之的态度，因为这是一种纵容，会让他们越发猖狂地“为所欲为”，而这一切，会危害其他人的利益，不利于内部团结。适合他们的激励方式，是不直接去反对他们，因为面对直接的反对，他们会产生一些抵触情绪，可取的方法是给予他们表面上的肯定，等他们没有抵触情绪时，再循序渐进地告诉他们要适当收敛，顾及一下他人的利益。

3. 对闷闷不乐的员工

“怀才不遇”，很多人都会有这种想法，从而闷闷不乐，因为他们觉得自己的工作过于简单，领导“杀鸡”用了自己这把“牛刀”，所以他们工作热情不足。

对这一类人，要给他们机会，并给他们创造机会。比如，经常邀请他们参加公司的重大会议让主动邀请他们发言，说出自己的见解，让他们知道自己并不是可有可无的小角色，而是有举足轻重的地位，知道自己一直受到领导的重视。

4. 对缺乏自信的员工

做事比较保守、缩手缩脚的人，一般缺乏自信心、怀疑自己能力的人，他们害怕搞砸领导交付的任务。这种自卑的负能量，会影响甚至传递给团队的其他人，从而影响团队的士气和工作的进度。

对此，领导的任务就是，培养他们的自信心。一方面，给他们安排一些适合他们自身能力的工作和一些相对简单的工作，使其从中获得成就感；另一方面，给予他们言语上的鼓励和认同，告诉他们出了错误领导会帮助指正和分担责任。

5. 对不求上进的员工

一个团队里，常见的还有这么一类员工，做完今天的事，就不去想明天的事，他们安于现状，没有计划和理想。

对此，“赶鸭子上架”无疑是最好的方法。强行给他们一些时间较为紧迫和艰巨的任务，同时使用激将法。

性格的差异，造就人的做事态度和风格的差异，领导要充分考虑并利用好每一个员工的性格，根据不同性格制定出不同的激励方式，采取不同的管理措施。这样，才能开发出每个人的潜能，让他们更好地为团队服务。

领导力金言

领导要充分考虑并利用好每一个员工的性格，根据不同性格制定出不同的激励方式，采取不同的管理措施。这样，才能开发出每个人的潜能，让他们更好地为团队服务。

奖励赶早不赶晚

人不管做什么，都不能忘记目的，管理者更是如此。奖励员工，是一件花样很多，也很考验匠心的工作，但目的只有一个，就是奖励员工保持其上进的势头。记住了这个目的，再加上一些符合以下十条原则的小手段，我们会发现，激励管理并不难。

（1）第一条原则：说要的不如想要的。

这是送礼和给员工奖励时应当遵循的首要原则。一家公司经过全员努力，刚刚签回一张大单，为了表示感谢，管理者想为每位员工送上一份礼物。这里有三种选择：800元现金红包、800元提货单和800元上海高级时尚购物场所抵用券。该送哪种好？如果管理者直接去征求员工的意见，得到的回答估计大都是要求送现金，因为有了钱他们愿意怎么花就怎么花。但是事实上情况恰恰相反，最让人开心的是送“外滩3号”的抵用券。为什么？对普通工薪阶层来讲，最让人开心的事情，莫过于去了那些自己想去但没有借口去的地方、有了自己想要但不好意思去买去用的东西。

（2）第二条原则：涨工资不如发奖金。

假如你手下一个员工现在的年薪是10万元人民币，因为他的表现很出色，你决定奖励他，你会从下面两个方式中选择哪一个？第一种：保持他现在的工资水平，但每年不定期发几次奖金，奖金总额为1万元人民币；第二种：把他的年薪直接涨到11万元人民币。一般人会选择第二种，但其实不定期给奖金反而会比涨工资更让员工开心。每次给奖金，都给了员工一种刺激，特别是不定期地发奖金，带来的幸福更频繁而持久。领导千万不要吝惜自己的腰包，要不失时机地给员工以金钱奖励，让员工感到自己的努力没有白费，多付出一滴汗水就会多一分收获。

（3）第三条原则：公开不如不公开。

奖励需要公开吗？最好不要。为什么？因为人往往都过于自信，总认为自己比别人好。比如很多人看自己的照片，总爱说自己“不上照”，这听上去像是虚伪的话，但其实是过于自信的表现，他的潜台词其实是：我本人比照片漂亮。在奖励不公开的情况下，每个得奖的人都会认为自己比别人干得好，接下来的干劲也自然十足，这时候奖励的作用最大。暗奖对其他人不会产生刺激，但可以对受奖人产生刺激。没有受奖的人也不会嫉妒，因为谁也不知道谁得了奖励，得了多少。

（4）第四条原则：小奖不如不奖。

一般观念认为：要人家做一件事，给物质刺激总比不给强。但其实很多时候，给物质刺激不如不给任何东西，特别是当物质刺激很小的时候。员工会拿所得物质与其他单位相比，还往往与更好的单位相比，比来比去就会产生不满情绪，反而收到不好的效果，所以小奖不如不奖。

（5）第五条原则：有选择不如无选择。

一般人认为，奖励下属，给他们选择比不给好。事实上并非如此，有时候，有选择反而使人患得患失。比如到了年底，一家公司的年终奖是去三亚度假，员工很开心；另一家公司的奖励是去珠海，员工也很开心；第三家公司是让员工在三亚和珠海之间任选一个地点度假。表面看起来，第三家公司的奖励措施似乎更加人性化一点，但在实际实行过程中，问题就出来了。选了三亚的人会想：我放弃了去珠海的机会是否可惜？去了珠海的人可能又会很想体验一下三亚是什么感觉。结果就是，两队人都觉得自己缺了点什么，反而没那么开心了。

瞧，事情就是这么奇怪。送人东西不要给人选择，直接给人家就是了。

（6）第六条原则：晚说不如早说。

你最喜欢的明星是谁？如果允许你吻一下这位明星，你选择马上去做还是选择等一天？好的选择应该是：等一天。这是为什么呢？很多时候，快乐源于对快乐的期待，如果选择等一天，你可以有一天的时间来做梦，想象与明星接吻的幸福。旅游也是如此，最开心的时候是你听到这个消息以及期盼着去旅游胜地的那段时间。

（7）第七条原则："大中之小"不如"小中之大"。

这里有两个冰激凌：一杯是 10 盎司的杯子装了 8 盎司的冰激凌，另一杯是 5 盎司的杯子装 7 盎司的冰激凌。前者比后者量多，但是送礼的话，后者要比前者好，因为单独评价时，人们往往认为小杯的冰激凌更多。送人一条价值 400 元的羊绒围巾和送一件价值 500 元的羊毛大衣，前者更让人开心。因为价值 400 元的羊绒围巾在围巾中是不错的高档货，价值 500 元的羊毛大衣在大衣中就很平常。也就是说，给人礼物最好是送小范畴里面的大东西，不要给大范畴里的小东西。

（8）第八条原则：能用的不如不能用的。

让我们仔细想想送礼物或给员工奖金的目的是什么？最根本的目的其实并不是要给接受礼物的人带来多大实用的价值，而是要让收礼的人高兴，让他知道你在肯定他的成绩，让他有继续努力的劲头，当然这个劲头越持久越好。这样一来，奖励给下属实用的东西就会出现一个问题，这个奖励很快就在下属面前消失了。所以，奖励下属最好是送那些用不掉、吃不掉、送不掉又扔不掉的东西，下属才能持久地记住这个奖励，因为这个物品每天会在他眼前晃来晃去，提醒着他这是一个奖励。比如送你的下属一尊他的雕像或是一本精美的公司画册，再让每位员工写一句话，并签上大名。

企业中的奖励，看似充满温情，实际上也是一桩生意。正所谓“天下没有无缘无故的奖金”，管理者之所以奖励下属，是希望给他奖励以后他能得到鼓舞，并且在接下来的工作中创造更大的价值。

领导力金言

> 企业中的奖励，看似充满温情，实际上也是一桩生意，奖励员工，是一件花样很多，也很考验匠心的工作，但目的只有一个，就是奖励员工保持其上进的势头。

让恰当的激励推动任务的完成

每个人的内心都有荣誉感和满足感，所以领导者就要根据员工的心理特点，通过激励来发挥员工的积极性和创造性。身为公司领导，如果你了解员工的本性，也就知道如何有效地激励他们。这样做可以帮助你更快地走入他们的内心世界，激发他们的拼搏精神，从而实现人文管理的目标。

一个人的热情不可能永远保持，需要经常激发，一次动员后，如果下属的干劲又小了，你就应该再次进行动员。这也很符合人们的心理特点，人们在冲向成功终点的途中，需要一次一次地给自己打气，给自己鼓励。其实，这是一种精神食粮，我们每个人都不能缺少。

当你的下属失去了干劲、意志消沉而无法执行交给他的任务时，就得看你如何去激励他们了。

譬如，日本一家食品公司的生产主管，常会对其下属提出这样的要求：

“现在我们公司面临着很大的危机，希望全体员工能够同心协力，扎紧裤腰带，共渡难关。要不惜多牺牲个人利益，保护集体，相信我们必会取得最后的胜利。”

刚开始这种动员颇有效果，可是，几个月过后，就没有人再理他了，为什么呢？

可能是听腻了吧。于是在这个时候，他就拿出一套新的口号激励下属。他又为员工们树立了一个信条，叫作：“努力工作吧，全世界人民都在关注着我们。”结果全体员工都深受激励，个个焕发出了他们前所未有的新面貌。

一个领导者必须学会动员他的下属，对他的下属做一次又一次的动员。每一次都采用新形式，每一次都给他们以新的刺激、新的感觉，使他们在奋力拼搏的路上永不疲倦。松下幸之助有句名言：“领导者再强，但员工冷淡，仍难推动工作，必须设法使每个人都自认为自己是负责人。”

1926年，松下电器公司首次在金泽市设立了营业所，有能力去主持这个新营业所的高级主管为数不少。但是，这些老员工如果有谁离开总公司，那么总公司的业务势必受到影响。

这时候松下忽然想起了一个年轻的业务员，这个人的年纪刚满20岁。于是松下把他找来，对他说：“公司决定在金泽设立一个营业所，我希望你去主持工作。”

听了这番话，这个年轻的业务员大吃一惊。他惊讶地盯着松下说：“这么重要的职务，我恐怕不能胜任。我进入公司还不到两年，也没有什么经验……”这也难怪，刚进入公司一两年的一个小职员，突然奉命去金泽负责一个营业所，也难怪他会感到困惑。

不过，松下总觉得，这个年轻职员必定能够做到。当然，不做做看谁也不知道结果如何，因为松下对他有基本的信赖感，所以，松下以近乎命令的口吻对他说：“没有做不到的事，你一定能够做到的！想想看，像加藤清正、福岛正则这些武将，都是在十几岁的时候，就非常活跃了。他们都在年轻的时候，就拥有自己的城堡，统率部下，治理领地百姓。明治维新的志士们，不也都是年轻人吗？你已经超过20岁了，不可能做不到。放心，你可以做到的！”

松下说了很多这类鼓励他的话，这个年轻职员最后坚定地说：“我明白了，让我去做吧。承蒙您给我这个机会，我会好好去干！”他脸上的神色和刚才判若两人，显出很感激的样子。所以松下也高兴地说：“好，那就请你好好去做！”

这个职员一到金泽，就立即展开活动，他几乎每天都写信给松下。他在信中告诉松下，他正在寻找合适的房子，之后又写信说房子已经找到。没多久，筹备工作都已经就绪，于是松下从大阪派去两三个职员，开设了营业所。

一个人即使年纪轻且经验较少，但只要好好去做，也还是会成功的。松下电器公司后来在日本各地陆续设立了营业所，大致上都是以这种方式开设的。松下相信，一个优秀的员工在恰当的激励下，是可以完成任务的，而肯定下属能力的激励也真的使松下公司获得了成功。

美国企业家艾柯卡曾说过："一个经理人能够有效地激励他人，便是很大的成绩，要使一个公司有活力、有生气，激励就是一切。"这句话可谓字字珠玑，道出了激励的重要性。

领导力金言

一个经理人能够有效地激励他人，便是很大的成绩，要使一个公司有活力、有生气，激励就是一切。

奖要奖得心花怒放，罚要罚得胆战心惊

公司的管理制度，要讲究奖罚分明，奖要奖得员工心花怒放，让员工对公司产生极大的归属感和忠诚感。罚就要罚得胆战心惊，让员工意识到公司制度的严肃性，感受到企业的威严和纪律，这样才能树立良好的风气，为企业赢得荣誉和良好的形象。员工在一张一弛的管理中，也会更容易接受，心理承受能力会增强，对于工作的满意度也会增加。

先给大家讲一个"一条鞭子"的故事。

在很早以前，英国的剑桥大学里，有一位非常著名的校长，治校有方，培养出很多优秀顶尖的人才。有人问他，他是如何将学校管理得这么好。这位校长微微笑了一笑，回答说，那是因为我用一条鞭子来惩治那些不听话、不上进的学生。他还开玩笑说，如果给他一把手枪，他会将学校管理得更好。

还有一个事例：

在北京，某个购物中心为了提高营业额，出台了政策，重奖销售业绩排名靠前的职工。刚开始的时候，员工们并没有把这件事情放在心上，没有意识到这条制度的严肃性。而当这个月末总结的时候，当月销售业绩第一的员工果然受到了嘉奖，并且还是2万元的高额奖金的时候，所有人都意识到了这条规章的严肃性。从此之后，每一名员工都非常重视自己的业绩，想方设法地要把业绩提高。公司的效益很快就上去了一大截。

上面的两个例子，给了我们很好的启示。首先第一个故事，“一条鞭子”只是一个隐喻，它代表的是学校的科学严格的管理制度，并且有了制度就要坚决执行，方能培养出优秀的学生。企业也是如此，公司制度的制定，不仅仅规范企业中员工的行为，为员工的行为画出一个合理的受约束的范围，同时，也保障和鼓励员工在这个范围内自由的活动。严格的惩罚机制，可以有效地刺激员工高要求约束自己，从而提高组织管理效率，使整个公司的氛围环境是严谨、严肃的。

第二个例子中，体现两个道理，一是对待员工，惩罚的制度要有，奖励的制度也要有。并且奖励更要说到做到。当奖励的制度制定出来之后，员工们可能会存在疑虑，究竟公司能不能够给我们这么大的奖励呢？当员工心中有这个疑虑的时候，他的工作的积极性就不可能被完全地调动起来。而如何让员工信服，那就必须严格地去执行，让员工看到奖励制度的严肃性，给员工信心，用事实让员工记住。这比你费尽口舌地要求员工提高业绩有效得多。

中国人做事情讲究一个“度”字，说的就是凡是都不能过，点到为止。做事情不能太过极端，看问题也要一分为二，辩证地对待。当我们评价一个人的时候，通常，我们不能将他夸得像个圣人一样，一点毛病都没有，也不能将他贬低到尘埃里，弄得对方永无翻身之日。任何事情，如果过分地强调一个方面，那么就会导致天平的失衡。

这一点，在公司的管理中是同样的道理。公司的规章制度的制定，需要牢记这一点，不要有失偏颇，而要做到公平和严格。

在法国，有一家有名的餐厅叫作马克西姆餐厅。这家餐厅从卫生到服务，都有严格的规定，谁都不能违反。其中有一条规定是，任何人都不能对顾客提出的任何问题回答“不知道”，遇到不清楚的事情时，应该向顾客说明，然后马上去询问，给顾客一个满意的答复。而有一次有一个员工刚到，对于这一规章不以为意，恰好那天有个顾客问他为什么今天他们位置上面的灯光很暗，而他随口就说“不知道”。顾客很不高兴，向经理投诉了他，然后他便受到了严厉的惩罚。惩罚过后，他就意识到了，一句“不知道”有时候真的会造成顾客的不满，一句“不知道”，真的会给自己带来这么严重的惩罚。

在北京的马克西姆餐厅开业的时候，从法国来的工作人员中有一位年纪较轻的组长。虽然他年纪轻，但是毕竟在法国从事了好几年的工作，经历还是很丰富的，因此，当他刚到北京的时候，面对着中国的合作伙伴，不免有些骄傲，常常在工作中指手画脚，颐指气使，这引起了大家的不满。有一回，在餐厅营业之前，员工正在铺台布，但是台布面积太大，他一个人有些吃力。于是这位法国人便指使正和经理谈工作的领班去协助那名员工，经理当场便制止了他，并质问他，一个组长如何能够指挥他的上级工作？之后，这件事被公司老总知道了，马上停了那位法国人的工作，将其调回法国。而那位法国人，几经协商，才保住了饭碗，但他还是受到了严重的警告。正是马克西姆餐厅这样严格的态度，才使得他们在餐饮业名声大震。

除了惩罚之外，马克西姆餐厅在奖励员工上也毫不吝啬。这家餐厅的工作人员要比同类餐厅拿到高出10%～20%的福利，并且可以在餐厅免费吃午餐和晚餐，每年餐厅还会组织员工去旅游。这样的奖赏，使得员工的满意度大增，对餐厅的忠诚度也就提高了，工作的热情被调动，工作的状态到位了，客源自然而然就多了。

奖惩有度，奖罚分明，对于员工的管理来说是一种张弛有度的方法。任何人都不能够生活在完全紧绷的状态下，那样太过压抑。也不能够生活在完全放松休闲的状态下，那样太过舒适，容易出错。

领导力金言

奖要奖得员工心花怒放，让员工对公司产生极大的归属感和忠诚感。罚就要罚得胆战心惊，让员工意识到公司制度的严肃性，感受到企业的威严和纪律，这样才能树立良好的风气，为企业赢得荣誉和良好的形象。

分享的时候，是回报更容易上升的时候

从理论上讲，所有的管理活动，自然也包括团队管理，目的都是充分利用有限的人力、物力、财力，优化资源配置，争取以最小

的成本创造最大的效率和效益。团队领导和员工的根本利益是一致的，有福同享，有难同当，通过发展利益共享，建立起一个新型的利益共同体。

在一个企业里，传统的利益机制通常是企业的命运只与老板有关，而与员工无关，劳资双方按照劳动合同和协议办事，也就是所谓的“雇佣军团队”，采用的是简单的利益机制。但这样的团队显然问题很多，已经无法适应企业、团队的长期发展需要。

要摆脱雇佣军的作业模式，开始现代意义上的团队建设，首先要建立利益共享机制。通过在团队成员之间引入利益分享机制，可以有效地激励团队成员积极投入，克服联合生产中的道德风险问题，实现受限的帕累托最优（又称为帕累托效率）。

举个简单的例子：

在原始社会，人们大多以狩猎为生。假设一个村庄里只有两个猎人，主要猎物只有两种：鹿和兔子。他们打猎的结局也会是两个：如果两个猎人合作，忠实地守着自己的岗位并付出最大努力，他们就可以共同捕得一头鹿；如果两个猎人分别行动，仅凭一个人的力量是无法捕到鹿的，但却可以抓住 4 只兔子。从能够填饱肚子的角度来看，4 只兔子可以供一个人吃 4 天；一头鹿如果被抓住，由两个猎人平分，可供每人吃 10 天。也就是说，对于两位猎人来说，他们的行为决策就成为这样的博弈形式：要么分别打兔子，每人得 4；要么合作再分享共同利益，每人得 10。如果一个人去抓兔子，另一个人去打鹿，则前者收益为 4，后者只能是一无所获，收益为 0。在这一博弈中，要么两人分别打兔子，每人吃饱 4 天；要么大家合作，每人吃饱 10 天，显然第二个结局优于第一个，这就是利益分享的真义所在。

这样就提出了一个新的问题，即合作是为了获得更大的利益，如果利益不能分享，这个合作还能成立吗？答案是不言而喻的。

与人分享利益表面上看好像是失去，但最终往往会得到更多。俞敏洪用一个简单的例子阐述了这个道理："当你拥有6个苹果的时候，千万不要把它们都吃掉，因为你把6个苹果全都吃掉，你也只吃到了6个苹果，只吃到了一种味道，那就是苹果的味道。如果你把6个苹果中的5个拿出来给别人吃，尽管表面上你丢了5个苹果，实际上你却得到了其他5个人的友情和好感。以后你还能得到更多，当别人有了别的水果的时候，也一定会和你分享，你会从这个人手里得到一个橘子，那个人手里得到一个梨，最后你可能就从5个人那里得到了6种不同的水果，5种不同的味道，5种不同的颜色，5个人的友谊。"

新东方教育科技集团创建后，随着业务的不断发展，赢利能力逐渐上升，几个合伙人开始陷入尖锐的利益纠纷之中。这时，俞敏洪巧妙地将利益、权力、人情三者结合起来，加大利益的分量，并最终在利益的人情之间找到了一个平衡点。他认为，利益应该始终放在第一位，如果你给员工的利益超过了其他企业给员工的利益，那么你的员工留下来的可能性就比较大。在这个基础上，你再给员工人情，员工就会感到很舒服，愿意为你效力。

经过这场利益风波后，新东方的管理层团结得更加紧密，大家一起关注新东方的命运和前途，在理念和行为上都保持着高度一致。

专注于输出烹饪技术、培养服务人才的麦广泛，短短5年间便成了中国饮食行业的翘楚，他曾在中国企业家协会主办的2004年明日之星演讲会上说过一句话："不要总想着自己得到更多利润，要学会与人分享，分享的时候，其实就是回报更容易上升的时候。”他阐释的道理是相同的。

无数事实证明，善于与人分享的领导者，并不会失去什么，反而得到的更多。当你慷慨地与下属分享劳动所得时，一定会得到更多的回报。所以，聪明的团队领导通常目光远大，乐意并擅长与员工分享合理的利益，并让员工充分感觉到自己受到了尊重。

德国图宾根大学的研究人员通过性格测试，将参加试验的人分为三种类型：给予者、索取者和匹配者。试验中，每个参与者都被分配了一笔 400 美元的虚拟“基金”，然后被要求自行决定拿出多少钱来投入一个共享的集体基金。这些人被告知集体基金中的钱将会翻倍，并在所有集体成员中均分。这样，从整体而言，如果每个人都将自己的“基金”全部捐出来，将为每个人带来更大的收益。然而，如果其他人都捐钱唯独自己不捐的话，获得的收益将更加丰厚。试验结果显示，给予者不仅与团体分享更多的钱财，而且更多地分享重要信息。同时，在性格特征上，给予者更少以自我为中心，因而更受欢迎，在试验结束时常常能成为领导者。

1908 年，福特汽车公司制造的 T 型汽车成了最受美国人欢迎的车型，在随后的四五年间，福特汽车公司始终保持着旺盛的销售形势。在这种情况下，亨利·福特并没有趁机涨价大捞一笔，而是秉持“薄利多销总比少卖多赚好得多”的宗旨，让利给消费者。

在公司内部，亨利·福特也主动与员工分享企业的成功，将工人的工资增加一倍。同时，他规定凡年满 22 岁的工人都可以享受公司利润中的一份。如果工人有孩子需要抚养，即使未满 22 岁也可以享受这一待遇。在这一利益分享机制下，公司员工热情高涨，工作效率大大提高，由此也推动了公司的发展。

团队的核心是协同合作，合作的重点在于资源共享和利益分享，只有这样，这个团队才是真正意义上的团结合作的组织。共享让团队成员间的关系变得更加紧密，从而释放出更多的潜能，使团队的利益最大化。但有的人想把一切都掌握在自己手里，资源、人脉、信息、利益等都不想分给别人，以为自己掌握得越多就获得越多。其实，懂得分享的人更容易成功，更容易成为领导者。因此，团队领导一定要牢记：只有共享，才能共赢。

领导力金言

聪明的团队领导通常目光远大，乐意并擅长与员工分享合理的利益，并让员工充分感觉到自己受到了尊重。

竞赛机制，一举多得

对于领导者来说，使用竞赛这种机制，不但可以调动员工的情绪，还可以解决一些平时想解决的发展“瓶颈”问题。

2008 年年底，深圳某公司受金融危机影响，在 9 ~ 12 月生产任务不足，工人们若不减员就得减薪。公司董事长一筹莫展，裁员和减薪都是他不愿意走的路，怎么办呢？最后，他决定开办一场节能降耗的劳动竞赛。竞赛举办期间，生产成本骤降。董事长又决定改革劳动竞赛的形式和竞赛奖金发放办法，将劳动竞赛纳入行政管理中，竞赛奖金半个月一发放。这一劳动竞赛机制不仅解决了企业面临的问题，推动了企业发展，也为一线职工增加了收入，可谓一举多得。竞赛机制的作用由此可见一斑。

在管理员工时，适当运用“竞赛机制”，可以调动员工的积极性。毕竟每个人都希望自己的价值能得到大家的肯定，而竞赛这种机制给员工提供了一个可靠的平台，在这个平台上，任何一个员工，只要他有能力，都可以得到相应的奖励，同时大家的尊重和敬佩还会强化其工作成就感。竞赛透明度越高，员工的公平公正感就越强，所受到的激励也就越强。

但并不是所有的竞赛都能起到激励作用，这就要看领导者制定的竞赛条件如何。那么，作为一名领导者，应该如何制定一种合理的竞赛规则呢？

（1）竞赛要得到大多数下属的认同。竞赛要能体现组织目标与个人目标的统一，使下属真正从思想上接受，从而激励他们为达到目标的要求而努力奋斗。因此，竞赛条件要交给下属去讨论，使之得到大多数人的认同。

（2）竞赛条件要具有可比性，参与竞赛的人的条件应大致相同，这样才能反映出各自的努力程度，才能起到激励作用。

在体育竞赛里，举重比赛按参赛运动员的体重不同来分级，女子为 7 个级别：48 公斤级、53 公斤级、58 公斤级、63 公斤级、69 公斤级、75 公斤级、75 公斤以上级。同样，组织里的竞赛机制也需要在一定的级别内进行比较，以免让下属觉得不公平而不愿意参加。比如，没有任何经验的新员工如果被安排与经验丰富的老员工一起竞赛，那么就有失公平。

（3）竞赛条件要定得适当合理，使人们通过一定的努力就可以达到。竞赛要符合以下条件：每一位有能力的人都可以奖励，即使暂时没有能力的人，只要通过努力同样可以得到相应的奖励。这样，所有的人都会信任这样的竞争，而不会心里有不平衡的感觉，不会抱怨“不给我机会，却怪我没有本事”。

为了满足这个条件，领导者可以适当多开展一些竞赛活动，因为每个能够进入组织的人肯定都有自己的一技之长，如果每个人在经过努力之后都能得到奖励，那么这种激励就会大受欢迎，而且同时会促进下属的工作积极性。领导者还可以拉长某项竞赛活动的时间，比如，前面说的节约成本竞赛，可以作为一个长期的项目，每个月按照相应的标准进行考核，按奖金方式进行发放，这会在下属中间形成一种节约成本的风气。

（4）根据形势的变化随时改变竞赛的条件，要能随着社会的进步而提高，从而使其能持续地发挥激励作用。“竞赛机制”是目标激励的一种具体形式，是领导者调动下属工作积极性的一种有效手段。竞赛在任何一个组织内部或组织之间都是客观存在的，它所包含的利益驱动可以极大地调动下属的工作积极性，提高整个团队的工作效率，当然，这种利益驱动必须建立在下属的劳动智慧和热情之上，而不是下属无法达到的其他的条件之上。同时，要想让其有效地发挥激励作用，领导者还需要不断地研究改革举办竞赛所需要满足的条件，以便把所有的下属都团结在自己的工作观念里。否则，竞赛机制就会失去其特性。

领导力金言

竞赛机制给员工提供了一个可靠的平台，任何一个员工，只要他有能力，都可以得到相应的奖励，同时大家的尊重和敬佩还会强化其工作成就感。

赞美是无需成本的激励武器

心理学家威廉姆·杰尔士说："人性最深切的需求就是渴望别人的欣赏。"很多时候，如果没有赞美，我们便很少会主动为自已设太高的目标，而有了赞美，有了鼓励，为了不辜负别人的欣赏与肯定，我们更加严格要求自己、全力以赴地做好眼前的工作。

由此可见，赞美也是一门艺术，是最有效的激励手段之一，优秀的管理者要理解好员工的动机和需求，巧妙运用恰到好处的赞美激励你的员工，以达到激励的效果。管理者希望下属具有怎样的优点，就要怎样去赞美他。这是企业付酬最低，却能换回效果最佳的方式之一。

赞美能够使员工树立自信、提高工作热情，并且可以进一步提高工作效率。人的天性就喜欢听好话受赞美，作为管理者，对于这种不需要成本而效果明显的激励"武器"，为什么不经常使用呢？

管理者要学会多对自己的员工表达认可和欣赏，但赞美方式不恰当就成了变相批评，甚至有时候比批评还难受。赞美也是有技巧的：

首先，赞美要及时。一旦发现员工的优点或取得了成绩，立即赞美他，为他打气，过时的赞美无效。宝马首席执行官赫尔穆特·庞克每次与管理人员谈话时都会问："今天，你表扬员工没有？"他说，表扬应该"现在进行，不要因为有急事而改为明天"；并且要结合具体事情赞美你的员工；表扬时要有感情，语气要诚恳，可以拍拍员工的肩膀或者给他一个加油的手势。管理者可以在每天下班前，抽出几分钟时间写个便条对表现好的员工表示赞美。

其次，要公开赞美。赞美要尽量以公开的方式对优秀的员工进行表扬。一位企业家说："如果我看到一位员工杰出的工作，我会特别兴奋。马上冲进大厅，告诉所有其他员工这个人很优秀，取得了成果。"其实他的用意不仅仅告诉大家如何把工作做好，更重要的是想说明要想获得赞美只有把工作做好，更好地引导大家努力工作。一些企业专门开表彰会，正是起着导向作用。

优秀的管理者总是善于在表扬中一箭双雕：既鼓励了先进，又鞭策了落后。因为对先进者的表扬，也就意味着对落后者的批评。由于这种批评是间接的，起到一种引导与鞭策的作用，往往比直接批评更有说服力，更有利于激发落后者的内在动力。

再次，赞美要注意真诚和客观。表扬要实事求是、客观公正，管理者要发自内心地赞美，语言、表情要严肃认真，不能给人造成虚假做作、漫不经心的感觉。如果一边看报、喝茶，一边说几句赞美的话，即使再动听的语言，员工听着也不舒服，只会以为是讽刺他或敷衍他。赞美本身虽是好意，但不着边际、无关痛痒的赞美不仅不会产生积极的效果，反而容易让员工产生厌烦感。在赞美员工时要在一个适当的场合，诚恳而严肃地给予表扬，只有这样，员工心中才会感到无限的喜悦。

每个人在得到来自他人的认可及赞美时，都会感到自尊心和荣誉感的满足。而听到别人对自己的赞赏，并感到愉悦和鼓舞时，不免会对说话者产生亲切感，从而使彼此之间的心理距离缩短、靠近。人与人之间的融洽关系就是从这里开始的。

领导力金言

管理者希望下属具有怎样的优点，就要怎样去赞美他。这是企业付酬最低，却能换回效果最佳的方式之一。

赏当其劳，罚当其罪

一手缔造“贞观盛世”的唐太宗李世民谈到赏罚之道时曾说：“赏当其劳，无功者自退；罚当其罪，为恶者戒惧。故知赏罚不可轻行，用人弥须慎择。”

唐太宗深知，既然“赏罚不可轻行”，就必须郑重其事，而郑重其事最重要的就是要做到“赏罚据实”，也就是说要“赏当其劳”“罚当其罪”。

企业领导者必须明白，惩罚员工的目的在于指导他们顺利实现组织目标。

惩罚是必要的，管理者应从有利于企业发展的角度来考虑。对于犯了错而及时将事实报告、迅速做修正处理的员工，管理者可根据犯错情况不处罚或从轻处罚。如果因犯错误而遭受严重处罚，那么害怕失败、做事缩头缩尾的人就会增多。

我们知道，如果有功而不赏，人人都不愿去做事。即使不太在意别人赞赏，事业心强的人如果看到自己创造的业绩管理者无动于衷，他也会心存不满。为企业披肝沥胆者都是功臣，对这些人该赏而不赏，即使他们不离开，也会丧失进取心。

只有以事实为依据，才能决定是否需要赏罚，也只有这样才能够服众。但要想做到“据实”，必须注意根据的唯一性，这也是衡量赏罚的标准。

明代宰相张居正也曾建言皇帝：“臣愿皇上慎重名器，爱惜爵赏……有功于国家，即千金之赏，通侯之印，亦不宜吝；无功于国家，虽颊笑之微，敝裤之贱，亦勿轻予。”在这里，张居正强调的是是否“有功”，这也更进一步证明了赏罚根据的唯一性。

唐太宗李世民在一次论功行赏之后，淮安王李神通自认为功劳最大，又是皇上的堂叔，因此对自己的封赏很不满足，愤恨不平，大声嚷嚷：“当年关西起兵时，我亲自举兵回应。这些年来，我跟随皇上出生入死，戎马倥偬、荡平天下，功劳何其大？可是在封官的时候，为什么却让只会舞文弄墨的房玄龄和杜如晦当了宰相，我不知道这是怎么回事！”

在听完李神通这番咄咄逼人的话语之后，唐太宗毫不客气地说“反隋义旗初举之时，叔父你是率先起兵响应没错。但是，在山东和窦建德交战时，你却又望风而逃、连连败北，几乎全军覆没，这也是事实。如果不是房玄龄、杜如晦等人运筹帷幄，想出了平定天下的妙策，我又如何能够平定天下？现在论功行赏，他们理应比你的官大。如果按私情滥赏，那我就做错了。”

文武百官听完李世民的话后都心悦诚服，李神通也无话可说。

对功臣进行封赏之后，唐太宗回到了后宫。这时候，有几个近卫侍臣未得到任何官职，就纷纷跪倒在地，凄楚地说：“当年皇上还是秦王时，我们这些人对你可都是忠心耿耿啊。现在天下已定，皇上您怎么可以将我们都忘却了呢？”

李世民仰天长叹，说道：“你们一直追随我这么多年，几番生死相伴，我理当不忘。但是，作为一国之君，我在办事时应当公道才行啊！我在封赏官爵时，都是量官而授的。如果你们凭借曾经在秦王府侍奉过我的身份来索取官爵，实在是很不体面。我也不敢以远近亲疏、个人恩怨而将官爵私自馈赠给任何一个人，请你们体谅我一下。”

听完李世民的话，这些人无言以对，羞愧难当。

奖赏的唯一根据是功，处罚的唯一根据是罪，明智的君主都是以功劳、罪行为依据，慎行封赏处罚之事的，此外再无任何理由能够成为赏罚的根据。同样的道理，企业领导者在升迁、惩罚下属之时，也应当以下属的功劳和过错为根据，而非依据个人好恶或者远近亲疏。只有这样，下属才会尽职尽责地工作，让各类人才的长处都能得到充分的发挥，从而为企业做出更大的贡献。韩非子在论述领导者施行赏罚的时候就曾说“计功而行赏”“赏不加于无功，罚不加于无罪”，强调赏既不能“恩进”，也不能“巧赐”，罚既不可以“由怒”，也不可以“祸连”。

领导力金言

奖赏的唯一根据是功，处罚的唯一根据是罪，企业领导者在升迁、惩罚下属之时，也应当以下属的功劳和过错为根据，而非依据个人好恶或者远近亲疏。

第十章

不拘一格选人才，
排除干扰用人才

中庸之人如水，至柔却能穿石

三国时的刘邵说过这样一句话："咸而不碱、质而不缦、文而不缋、能威能怀、能辩能讷，变化无方，以达为节。"翻译成现代文的意思是："像含盐的海水虽咸没有苦涩，虽淡却非索然无味，质地朴素的丝织品并非了无纹饰，而是颜色斐彩又不炫耀过度，这种人望之俨然即之而温，既能辩说无碍，也能缄默不语，变化无穷，唯以通大为标准。"刘邵分析的理想性格，实际上是指要具有中庸之德。

"中庸"二字，给大多数人的感觉是胆小怯懦，唯唯诺诺，是谁都可以欺负他而他谁也不敢得罪的老好人，这种看法是错误的。真正具有中庸之德的人，阴阳调和，水火既济，柔中带刚，刚而不脆，脆中含韧，韧而有力，是天下最没脾气又最为厉害的角色。平时的行为举止无声无息、无形无色，一旦动事，疾如江堤决口，迅若长空奔雷，无往不利，无坚不摧。一旦事成，又静若处子，举若虚空，精精华妙，几不着物。在生活中，能威严，能温和，能强辩，能沉默，能开疆拓土，奋力进取，又能四平八稳，坐守功业。

中庸之道的人，道德高尚、品行端正、不偏不倚，性情柔和而刚正，如水虽为天下至柔之物，但又有滴水穿石之功，破坏力强大，无坚不摧。德行崇高而厚，如天地一样广远辽阔，又不脱于众人的目光。这样的人，佩天地之德，怀人和之功，是天下纯德纯美的人，可做圣人明君。

领导力金言

中庸之道的人，如水虽为天下至柔之物，但又有滴水穿石之功，破坏力强大，无坚不摧。

分一些鼓励和表扬，给败军之将

要想成为一名出色的领导者，不能只重视那些圆满完成任务的人，你必须认真对待那些已经尽力，甚至做出了巨大牺牲但出于其他无法克服的原因，而未能完成任务的下属。

1945年9月2日，最后一个轴心国——日本，将要签署投降条约。

在太平洋上的美军“密苏里”号战舰上，人们翘首以待，都想目睹这一历史性的时刻。

上午9时，盟军最高司令官道格拉斯·麦克阿瑟将军出现在甲板上，预示着这个令全世界为之瞩目和激动的伟大时刻到来了。

随后，日方代表登上军舰，仪式开始了。

就在麦克阿瑟将军即将代表盟军签字时，他却突然停止了。现场数百名记者和摄影师对此大惑不解。他们谁也不知道麦克阿瑟将军想要干什么。

将军转过身，招呼陆军少将乔纳森·温斯特和陆军中校亚瑟·帕西瓦尔，请他们走过来站在自己的身后。

麦克阿瑟将军的这个举动，再次让现场的人们既惊讶又嫉妒。因为那两名军官占据着的是历史镜头前最显要的位置。一般来说，应该属于那些战功显赫的常胜将军。而现在，这个巨大的荣誉却给了两个在战争初期就当了俘虏的人。

1942 年，温斯特在菲律宾、帕西瓦尔在新加坡率部下向日军投降。两人都是刚从战俘营里获释，然后乘飞机匆匆赶来的。

后来，人们明白了麦克阿瑟将军的良苦用心。这两个人都是在率部下苦战之后，因寡不敌众，又无援兵，并且在接受上级旨意的情况下，为了避免更多人的牺牲，才率部下忍辱负重放弃抵抗的。从他们瘦得像两株生病的竹子似的身体和憔悴的面容、恍惚的神情中就可以看出，他们在战俘营受尽了精神上和肉体上的残酷折磨。

虽然说战争胜利结束了，但作为败军之将的温斯特和帕西瓦尔同样是英雄，他们为这场战争的最后胜利同样做出了贡献。

在麦克阿瑟将军的眼里，似乎让他们站在自己身后还不够，他还做出了更惊人的举动，他将签署英、日两种文本投降书所用的 5 支笔其中的两支，分别送给了温斯特和帕西瓦尔。

麦克阿瑟用这种特殊的方式，向两位尽职的失败者表示尊敬和理解，向他们为保全同胞的生命，而做出的个人名誉的巨大牺牲和所受的苦难表示感谢。

一次失败可能使他们丧失了自信，没了斗志，如果你能适时鼓励或者表扬一下，让他们明白自己的心血没有白费，他们肯定会恢复自信，找回自我。那么，下一次他们很有可能就不再是失败者了，而是成功者。

领导力金言

一名出色的领导者，必须认真对待未能完成任务的下属，适时鼓励或者表扬，让他们明白自己的心血没有白费，帮助他们恢复自信，找回自我。

偏才的凝聚，造就全才的巨人

在企业的管理中，管理者要体现自己的领导力，在员工心里占有位置，树立自己的威信，使命令有条不紊地执行，一个重要条件就是整合内部人才资源，合理搭配各种工作人员，使之在专业、智能、素质、年龄等各方面相互补充，组成一种最佳结构。

没有一个人是全才，如果领导者渴望驱遣全才，那么将会无人可用。所以领导者就要充分挖掘每个人的潜力，知道每个人的长处和短处，然后再合理地排列、组合，加以运用。一个成功的管理者应该全面了解员工，包括他们的技能和心理特征，然后优化组合，为我所用。

事实也反复证明了，人才结构中的这种互补定律在人们的实际生活中可以产生巨大的互补效应。

曾经有5位诺贝尔奖获得者力图解决超导微观理论的创立问题，却都未能如愿。而这项成果的最后夺魁者，竟然是巴丁、康柏和施里弗三人。他们三个人组成了一个具有互补作用的人才结构：巴丁老马识途，把握方向；康柏年富力强，思维敏捷；施里弗善于创新，方法灵活。

这也是一个多边综合、多边互补的典型。

综合互补的用人之道在现代企业管理中的地位越来越重要。在用人方面，不仅表现在用人的量的多少，而且还在于人才的合理配置，只有这样，用人之量才有效用。这方面，唐太宗用人搭配的方法是非常高明的，即“房谋杜断”体系。

唐太宗登基时，唐朝开国不久，许多规章法典需要重新制订。唐太宗在与房玄龄研究安邦治国大略之时，发现房玄龄能提出许多精辟的见解和具体的办法，但是，他却对自己的想法和建议不善于整理，很难决定选用哪一条。这时候，唐太宗说：“非杜如晦来不能决断。”原来，杜如晦虽不善于谋划，但却善于对别人提出的意见做周密的分析，他精于决断，什么事情经他一审视，很快就能变成一项决策。每当唐太宗要杜如晦来时，房玄龄并不认为是皇帝宠爱他而生嫉妒之心。杜如晦来，也不出风头另搞一套，而是最后采用房玄龄的某一项谋划。这正好发挥了两人各自的特长。房玄龄和杜如晦也由此成为唐朝最有才能的两个宰相。

在一个人才结构中，每个人才相互之间最好形成互补的关系，包括才能互补、知识互补、性格互补、年龄互补和综合互补。随着现代科学技术的发展，很多研究、攻关项目需要从事的组织体现多边互补的原则，这里既需要有知识上的互补，又需要有能力、年龄等方面的互补。这样的人才结构，在科学上常需“通才”领导，使每个人才各得其位，各展其能，从而和谐地组合在一个“大型乐队”之中。

唐太宗深谙此理，他掌握了房玄龄和杜如晦两人的所长和所短，并且发现了他们在能力上的互补性。于是，他把这两个人有效地搭配起来，为自己出谋划策。这样做一方面能较好地调动两人的积极性，发挥了他们的特长，另一方面使他自己取得了超过前人的成就。

当今社会，一个领导者只有合理地搭配人才、用好人才，充分发挥群体优势，才能取得巨大的工作成效。一个有效的人才群体，必须通过合理的优化组合才能产生新的、巨大的集体能量，才能取得卓有成效的业绩。

丹麦天文学家第谷有着杰出的观察才能，经过日积月累，他得到了大量的天文观察资料。尽管如此，他的学说仍然没有摆脱托勒密地心说的束缚。1600年，第谷请了一位助手——德国天文学家开普勒，开普勒虽然观察能力不及第谷，但他的理论分析和数学计算才能却非常突出。他们两人合作不久，第谷就去世了。在第谷丰富的观察资料的基础上，开普勒进行了大量的理论分析和研究，大胆地提出了行星轨道为椭圆形的开普勒第一定律，接着又提出了第二定律和第三定律。开普勒行星运行三大定律是第谷的观察才能与开普勒的分析、计算才能形成互补的结晶。

在一个人才群体中，不仅要突出个体的优势，而且要突出最佳的群体结构。在现实社会中，“全才”实在太少，“偏才”确实很多，“偏才”如若组合得好，就是更大的“全才”。

领导力金言

在一个人才结构中，每个人才相互之间最好形成互补的关系，包括才能互补、知识互补、性格互补、年龄互补和综合互补，只有合理地搭配人才、用好人才，充分发挥群体优势，才能取得巨大的工作成效。

一个团队无需两个领导

只有一块手表，可以知道是几点，拥有两块或两块以上的手表并不能告诉一个人更准确的时间，反而会让看表的人失去对准确时间的信心。这就是著名的“手表定律”。有关这个定律，还有一个有趣的故事：

森林里有一群猴子，每天太阳升起的时候它们外出觅食，太阳落山的时候回去休息，日子过得平淡而惬意。

有一次，一名游客穿越森林，把手表落在了树下的岩石上，被一只猴子捡到了。这只猴子很快就搞清了手表的用途，于是，它成了整个猴群的明星，每只猴子都渐渐习惯向它请教确切的时间，尤其在阴雨天的时候，整个猴群的作息时间也由它来规定。这只猴子逐渐建立起威望，最后当上了猴王。

做了猴王的猴子认识到是手表给自己带来了机遇与好运，于是每天花更多时间地在森林里寻找，希望能够得到更多的手表。功夫不负有心人，它果然相继得到了第二块、第三块手表。

但出乎意料的是，得到了三块手表的猴王反而有了新麻烦，因为每块手表显示的时间都不相同，猴王不能确定哪块手表上显示的时间是正确的。群猴也发现，每当有猴子来询问时间时，猴王总是支支吾吾回答不上来。猴王的威望大降，整个猴群的作息时间也变得一塌糊涂。

“手表定律”带给我们一种非常直观的启发：对于任何一件事情，不能同时设置两个不同的目标，否则将使这件事情无法完成；对于一个人，也不能由两个以上的人来同时指挥，否则将使这个人无所适从；而对于一个团队，更不能同时采用两种不同的管理方法，否则将使这个团队无法工作。

在上面的故事中，猴王其实是被“多头领导”了。而这种“多头领导”的现象，在现实的企业管理中其实并不少见，尤其是在国内的企业管理中，这种现象更为普遍。

解决这个问题的方法就是“一个部门，一个头儿”，不要超越自己的权限。

不要超越自己的权限主要指两个方面的权限。第一，不要对非自己的下属下命令。每个员工都有自己的直接上级，你如果不是他的直接上级，就不应该直接给他下命令。如果你确实需要该员工为你做一些工作，可以去找他的直接上级，通过直接上级来给他下命令。比如，只有总务科长才能对总务科的职员下命令，会计科长或采购组长并不能直接对总务部门的职员交代任务，因为此行为违反了规定。所以即使下属得到其他部门领导的命令，也不必听从，只需表明：“请你去向总务科长说明。”第二，不要对部门职责以外的事情下命令。每个部门都有自己的工作职责，你不应该命令自己的下属去做其他部门职责中的事情，上述两个权限，不论逾越了哪个，都会给公司的整个管理和指挥系统造成混乱。因此，当其他部门的领导对你的下属下命令时，你必须提出抗议，并且断然拒绝：“你若要对他下命令，必须先经过我的同意。”然而有时你的直接领导会跳过你而直接命令你的下属。如果上司命令的工作内容轻而易举就能完成，则无大碍，若是一件困难、重要的任务，你则必须斩钉截铁地陈述你的不满：“你这样做让我很为难。”

你必须清楚，如果你的下属不断接收重复指令，他们就会无所适从，势必会对你的执行力大打折扣，必须严防“多头领导”的出现，将下属控制在你的“势力范围”之内。

领导力金言

一件事情，不能同时设置两个不同的目标，否则将使这件事情无法完成；一个人，也不能由两个以上的人来同时指挥，否则将使这个人无所适从；一个团队，更不能同时采用两种不同的管理方法，否则将使这个团队无法工作。

清除团队里拍马屁的“蛀虫”

几乎每个人都喜欢听别人的夸赞，说到夸赞，一般都会不自觉地想到“拍马屁”。一个团队也是，总有喜欢溜须拍马的人。这是因为这些人掌握了任何人都喜欢被人奉承和吹捧这一心理，才肆无忌惮地曲意逢迎，讨好领导。因为他们觉得，把领导说开心了，自己升职加薪的机会就会比别人大很多，同时，很多领导也喜欢从下属的赞赏中得到心理上的满足。殊不知，纵容拍马屁风气的滋生和蔓延，会引起不正当竞争，影响公司内部团结。

一般一个完全有能力胜任工作的人，都不屑于甚至有些鄙视拍马屁。那些经常拍马屁的人，则能力欠缺，偷奸耍滑，妄图不劳而获。

有一位员工喜欢拍领导的马屁，因为这一点，他平时没少从领导那里得到好处。近期，公司的总经理被调派到别的地方，一位新的总经理走马上任。这位新任总经理是出了名的耿直，平时刻意回避那些喜欢拍马屁的员工。

同事们议论纷纷，都说这位爱拍马屁的员工要倒霉了，这次拍马屁要拍到马蹄子上了。

新任总经理上任的第一天，就在公司会议上宣布："我平生最讨厌那些拍马屁的人，如果哪名员工有这种不好的习惯，我劝你尽快改掉，就算不改也别拍我的马屁，我不吃这一套。"

话刚说完，那位喜欢拍马屁的员工就说："总经理，您为人耿直，公司里像您这样的人不多见。"

新任总经理听了这话非常开心，其他听到这话的员工则相视而笑。真没想到，原来平日耿直的新任总经理也吃这一套，同样喜欢下属拍他的马屁。

上文提到，拍马屁有百害而无一利，是破坏团队的"隐形杀手"。作为领导，应该及时阻止拍马屁的扩展和侵害。面对这些曲意奉承的员工，领导首先不能被冲昏了理智，听到哪怕是虚伪的夸奖也沾沾自喜。其次，要采用不伤及面子和和谐关系的方法，去提醒和制止。最后，要考虑考虑，是不是员工在运用了正当的方法以后，自己的正当利益还没有得到维护，这时候，领导者就要格外注意在平时平衡其中的利害了。

王忠是一家装饰公司的行政助理，辅助总经理负责行政工作。平时总经理业务比较繁忙，经常到各个地方出差，所以公司的行政工作都交给王忠来抓。

小丽刚来公司，看王忠比较有权势，就常常当着众人的面夸王忠，对他说："王哥，我真佩服你，因为你这个人优点特别多，不仅成熟稳重，思考周密，还非常有思想。""我觉得你是个热心肠的人，对下属特别好。""从你的言谈举止中，我能感受到你是一个有修养的人。别人怎么看你我不知道，我只知道我个人觉得你很有绅士风度。你说你怎么魅力这么大呢？我越来越崇拜你了。""你这么年轻就取得这么大的成绩，将来的发展潜力肯定很大。咱们总经理这么信任你，可见你的能力非常强，希望以后多教教我，跟你肯定能学不少东西。"诸如此类的话，王忠每天都能听到许多，他甚至怀疑小丽是不是公司请来专门做拍马屁工作的。

王忠想制止小丽这种行为，于是对小丽说："小丽，你是不是每天都吃蜂蜜啊？嘴这么甜，简直把我夸成一朵花了。以后千万别再夸我了，不然我都不好意思到公司来了，因为我害怕见到你。每次看见你我都能想起你夸我的那些话，觉得自己配不上那些话，见到你就羞愧难当啊！"

就这样，小丽终于不拍王忠的马屁了。

面对小丽这种总是拍领导马屁的员工，王忠反用赞美，说她的口才很好，再引出她的这种做法给自己带来的苦恼，暗示了自己对此的反感和厌恶。这种委婉的说话方式不仅不会得罪下属，还能起到巧妙提醒的作用，也不会伤害和谐的工作气氛。

领导力金言

纵容拍马屁风气的滋生和蔓延，会引起不正当竞争，影响公司内部团结。

仔细聆听那个不同的声音

《资治通鉴》中讲了魏文侯纳谏的故事。

魏文侯派弟弟去攻打中山国，战胜之后却将中山国赏给了自己的儿子。有一次魏文侯在上朝的时候问大臣自己是一个怎样的君王，很多人说他是一个“仁君”，偏偏这时有一个叫任座的人走出来说：“您算不上仁君。因为您没有把中山国分给弟弟却是给了自己的儿子。”任座说完之后，扬长而去，魏文侯火冒三丈。

后来魏文侯发现了一位忠臣叫翟璜，就问翟璜自己是个怎样的君王，翟璜说“是仁君”。魏文侯问何以见得，翟璜说您身边有任座那样的唱反调的人，怎么能不算是个仁君呢？

翟璜的言下之意，也正是说一个团体应该是多元化的，有很多的声音，才是健康正常的。

一个企业只要扩大到一定规模，总会聚集形形色色的员工，其中不乏与领导者唱反调的人，尤其是领导刚上任的时候，往往要招架一两个有一点资历又难缠的员工。遇到这样的唱反调的人，很多领导者都自认倒霉。能够容忍的尽量容忍，吃了亏对方还不领情；忍无可忍的就地正法，但是也伤了团队的和气。难道唱反调的人就没有用处只有害处了吗？不是。

曾有人说，比尔·盖茨在开会的时候，常常会等待大家发言，如果与会者中没有一个人唱反调，他就会等到有人提出异议才罢休。因为“我是要听见不同的声音的，如果大家都同意就说明这个方案很片面”。

魏文侯身边留有唱反调的人，让他的宽大胸怀得以体现出来；比尔·盖茨寻找唱反调的人，因为只有不同的声音才能将方案完善。可见唱反调的人绝对不是毫无用处的。

但是如何与唱反调的人相处共事呢？如果每天像仇人见面分外眼红，或者是完全不交流，或者是无意义地纠缠，工作效率和心态都会大受干扰。学几招对付唱反调的人的方法“防身”，有备无患。

兵法讲究“先礼后兵”，讲理和软功自然是第一步，如果能够“兵不血刃”“不战而完胜”，自然是最低成本的方法。领导者可以跟他谈心，询问目前的工作适不适合他。如果合适，请他评价一下自己的工作业绩；如果不适合，让他考虑公司内有什么适合的工作，可以提供帮助。毫不提起他与自己唱反调的事情，是借鉴一种“Time out”（暂停时间）的家庭教育方法——当孩子胡搅蛮缠的时候，根本不去理会他，反而会让他平静下来。

讲理的另一个方面就是开门见山地说出自己的看法，双方都开诚布公地交流为什么会出现唱对台戏的情况。是因为公事公办还是因为私人方面的误会。如果是误会，把它拿上桌面就会解决掉。双方这样各走各的，是一种内耗。如果他说的有道理，要及时地肯定；若有错误则要对他的看法做出一些实质性的回应。

一般情况下，员工在得到领导的重视和与之谈心之后，会对自己的行为有所反思。如果能够因为员工的建议避免重大损失，公司理当做出表扬奖励。不论选择哪种方法，都要比回避问题有价值、有意义。

真正胡搅蛮缠的员工当然比较少见，但是对待他们，就要学会公事公办，该调动的就要调动。因为一个人散布与自己命令相左的言论，足以动摇整个团队。领导者这时必须顾全大局，不能纵容他。

领导力金言

> “我是要听见不同的声音的，如果大家都同意就说明这个方案很片面，因为只有不同的声音才能将方案完善。”

宁用愚人，不用小人

任何领导者在识才、用才、选才的时候，都很谨慎，都希望自己选择的人能够是德才兼备之人，毕竟谁都想鱼和熊掌兼得。但万一鱼和熊掌不能兼得，“德”与“才”不能兼备的时候，领导者该何去何从，如何决断呢？对此，宋代的司马光回答得很干脆：“宁用愚人，不用小人。”即，在两害相权取其轻。宁可用愚人，支配他干活；也不用小人，让自己惶惶不可终日。

对此，司马光是这样解释的：德才兼备称之为圣人，无德无才称之为愚人，德胜过才称之为君子，才胜过德称之为小人。挑选人才时，如果找不到圣人、君子来辅助自己，与其得到小人，不如得到愚人。为什么呢？因为君子持有才干来做善事，而小人持有才干来做恶事。持有才干做善事，能无善不为；而凭借才干作恶，就无恶不作了。愚人即使想作恶，因为智慧不济，气力不胜任，好像小狗扑人，人还能制服它。而小人的心机足以使他的阴谋得逞，他的力量又足以施展他的暴虐，这就如恶虎长了翅膀，他的危害难道不大吗？从古至今，国家的乱臣奸佞，家族的败家浪子，因为才有余而德不足，从而导致家国覆亡的太多了。

事实也是这样，像李世民这样的一代明君，也在这方面有过教训。在唐太宗晚年，因为偏听偏信，误用了才气有余、德行不足的兵部尚书侯君集。侯君集带兵攻破高昌时，私取了无数金银珠宝。唐太宗却认为他战功卓著，继续加以重用。最后，侯君集终于走上了与太子勾结谋反的道路。唐太宗吞下这枚苦果后，则元气大伤。

作为一个领导者，最希望得到的就是有德有才这种圣人级别的人才，这种人肯定不会辜负领导的期望。有德无才者，虽无才但有德，所以不会造成危害，可以小用。无德又无才者，这类人尽管无德，但是无才，也不会造成危害，可以让他干一些简单、机械的工作。唯独对有才无德的小人，领导者如临大敌，此类人危害极大，要将其坚决开除或者不用。

为什么道德要重于才干呢？有人做了这样形象的比喻，“德”好比方向盘，“才”犹如发动机。无德之才，犹如失去方向盘的汽车，会误入歧途，而发动机马力愈大，其危害愈烈。翻开历史看看就知道，多少领导者就是毁在这种有“才”而无“德”的小人手里。所以，两害相权取其轻。宁可用愚人，支配他干活，也不用小人，让领导者惶惶不可终日。

日本西武集团就有这样一个用人观点：不用聪明人。他们通过多年的用人实践，总结出了他们认为的聪明人常见的几种毛病。

第一，聪明人看不起身边的人。这样会造成员工的不安情绪，从而破坏员工信心，降低整体效率。

第二，聪明人的欲望较常人强烈，而荣誉、地位、利益时常会腐蚀一个人的内心，这就常常会在群体中造成矛盾，破坏团结。

第三，聪明人的野心是常人的十倍甚至百倍。一旦掌权，他们很可能私心超良心，开始为自己的权力欲找出路，不仅会压制别人工作，还可能以权谋私。

西武集团这套独特用人方法实际上就是“德先于才”的翻版。

老子说：“太尚立德，其次立功，再次立言。”他是将道德放在事功的前面的。唐代魏征说：“今欲求人，必须审访其行。若知其善，然后用之。设令此人不能济事，只是才力不及，不为大害。误用恶人，假令强干，为害极大。”诸葛亮总结东汉和西汉兴亡的经验和教训时指出：“亲贤臣，远小人，此先汉所以兴隆也；亲小人，远贤臣，此后汉所以倾颓也。”1940 年，陈云在起草的《关于干部工作的若干问题》中指出了任用干部的标准，即“德才并重，以德为主”。

领导力金言

两害相权取其轻，宁可用愚人，支配他干活；也不用小人，让自己惶惶不可终日。

疑人不用，用人不疑

“疑人不用，用人不疑”的核心就是“信任”。作为一个合格的领导者，具备这样的用人之道，毫无疑问是其最基本的素质之一。但是，在具体运作的时候，很多人会觉得真正做到这一点是十分困难的。

日本人曾盛誉松下公司创始人松下幸之助为“用人魔鬼”。他在用人方面，就很有手腕。

松下幸之助是一位在日本企业界，乃至全世界的企业家中大名鼎鼎的人物，被誉为日本的“经营之神”。在日本现代企业经营史上，获得成功的大小企业家数不胜数，但只有松下幸之助一人被誉为“经营之神”。之所以如此，是因为他不仅是一个白手起家的成功者，而且是一个优秀的企业经营思想家。

松下幸之助的成功，与他的用人之道分不开。松下幸之助可以称得上是“疑人不用，用人不疑”的企业家的典范。他的秘诀之一，就是充分相信自己的下属，最大限度地调动他们的工作热情和积极性。

在松下幸之助还只是个20岁的小伙子时，对人的理解就已经达到了相当高的水准。当时日本流行一种用沥青、石棉和石灰等构成的烧制材料。为了维护各自的利益，一般的企业都把这种烧制材料的制作配方作为企业的秘密严加保护，除了亲属绝不外泄。

但是，年轻的松下幸之助却一反常规，他不仅不对自己的员工保守秘密，而且还毫不犹豫地将技术传授给刚招进厂的新职工。有些人很为他担心，松下幸之助却不以为然地说："只要说明原委，新职工是不会轻易背信弃义随便向外泄露秘密的。重要的是相互信任，否则不仅事业得不到发展，也无法造就出人才。"结果，他的工厂不仅没有发生泄密的事情，而且还收到了良好的效果，职工因受到信赖而心情舒畅，生产热情十分高涨。

这件事也让松下幸之助初次尝到了用人不疑的甜头。

可见企业领导者最好的用人办法是给员工充分的信任和鼓励，大胆起用人才，做到"疑人不用，用人不疑"。这就是说，必须是在可以信任的基础上用人，否则可以坚决弃而不用。因为没有信任感地用人，即使委以重任，也形同虚设，起不到应有的作用。"疑人"是必要的，但不是"用人"的前提。假如一个员工某些方面存在严重不足，已经属于"疑人"范围，要么弃而不用，要么等到条件成熟后再用，不必非要冒险，这是常识。

后来松下幸之助为了扩大市场，需要在西海岸的金泽市开办一家营业所，推销产品，为此必须派出一名主任领导这项工作。在营业所主任的人选上，他看中了一名初中毕业参加工作才两年的年轻人。别人认为这个小伙子没有经验，资历也不够，但松下幸之助坚持己见，破格提拔他为主任。

松下幸之助对这个年轻人说了这样一段话："你已经20岁了，这个年龄在古代已是武士到阵前取回敌方大将首级的年龄了。你也有了两年的工作经验，一定可以胜任这个职位。至于做生意的方法，你认为怎样做对，你就怎样去做。你一定会干好的，你要相信自己。"

结果，这个年轻人因为松下幸之助的充分信任而激动万分，他信心十足地率领派给他的两个学徒在新的地点拼命工作，不仅很快打开了局面，而且获得了极大的成功。这件事一直是松下幸之助最为自豪的往事。松下幸之助从这件事中得出了这样的结论："人只要有了自觉性和责任心，就有力量去完成乍看起来好像不可能完成的困难任务。"

松下幸之助的用人之道至今在日本的企业界被到处传颂着。他的成功，除了具有胆识和魄力以外，还主要源于他对人的了解。只有充分了解各种各样的人，才有可能从中发现人才，并将其放到能发挥作用的地方，合理使用人才。银行界大亨摩根把他无数的钱财，全部交给属下分别掌管，这并非他不重视这些钱财，而是他已经训练出他的属下具有了确实负起责任而无疏忽大意的能力。当然，摩根的信任绝非盲目，他先将小的责任交给手下人，待手下人陆续用事实证明自己确实可信任时，再委以重任。

与员工建立良好的信任关系，是领导者试图达到的一种理想的用人状态。所谓"疑人不用，用人不疑"讲的就是这个道理。问题的关键是：你如何在用权的时候赢得下属的信任，或者如何使下属对你的权力支配心甘情愿呢？一些领导者之所以紧抓住权力，其中一个重要的原因就是不信任下属，怕下属把事情办砸了。因此，领导者放权的一个前提就是信任下属。没有信任，上下级之间很难沟通，很难把一件事处理好，这样，领导用起人来，就很困难，甚至受到阻碍。

领导力金言

必须是在可以信任的基础上用人，否则可以坚决弃而不用。因为没有信任感地用人，即使委以重任，也形同虚设，起不到应有的作用。

铲除嫉妒的毒瘤，善用强过自己的人

重用比自己强大的人，承认他人比自己强大，对于一般人来说，可能并不是一件多么难的事情，但是对领导者来说，却没有那么容易。当人做到一定的位置之后，很容易被权位、钱财蒙住了双眼，而这往往会给自己带来致命的打击。

一个人能够做到领导的位置，能力和智慧是不容置疑的。领导、管理者也是经过了无数的历练才走到金字塔的塔尖。站在塔尖的人，往往掌握着巨大的权力，往往拥有巨大的财富，万人敬仰，是无数人的偶像。很多人，费尽心思和力气走到这一步后，往往容易犯一个错误——刚愎自用，目中无人，认为自己已经是领导了，当然不应该有人比自己更强、更聪明，而这恰恰就是领导者最大的危险。

东汉末年，建安五年春，军阀袁绍厉兵秣马、养精蓄锐，准备带领十万大军进攻曹操。袁绍的手下有一谋士，名叫田丰，此人足智多谋，深谋远虑。田丰对当下的局势了然于心，当时曹操的军队刚刚在徐州打了胜仗，部队士气大增，这个时候，万万不可轻敌，轻举妄动。于是田丰向袁绍提出自己的建议："不如以久持之，待其有隙而后可动也。"

可是袁绍是一个非常刚愎自用的人，他相信自己领军打仗的能力，瞧不上田丰的纸上谈兵，况且自己坐拥十万大军，岂能就此放过曹操？所以，田丰的话着实激怒了袁绍，袁绍发怒说："汝等弄文轻武，使我失大义！"一般人要是看到袁绍如此动怒，早就阿谀奉承，自我贬低了，但是田丰没有这么做，继续劝谏袁绍："若不听臣良言相劝，出师不利。"骄傲自大的袁绍哪里听得了一个手下这般的"恶言"，不分青红皂白，将田丰投入大狱。

田丰入狱之后，袁绍率领着十万大军进攻曹操的军队，结果，士气如虹的曹军在官渡一战中，将袁绍的军队打得是人仰马翻，落花流水。

袁绍大败的消息很快就从前线传到了后方，狱卒知道后，兴高采烈地跑来对田丰说："与君贺喜！"田丰还不知情，便问："何喜可贺？"狱卒说："袁将军大败而归，君必见重矣。"田丰听罢，瘫坐在地，说："吾今死矣。"狱卒很是纳闷儿："人皆为君喜，君何言死也？"田丰回答说："袁将军外宽内忌，不贪忠诚。若胜而喜，犹能赦我；今战败而羞，吾不望生矣。"

事情果然如田丰所料，铩羽而归的袁绍气急败坏，心里清楚田丰分析得对，田丰比自己的军事才能更胜一筹，但是十万大军的失败让他颜面扫地，自然难以挽回颜面。于是，他便随便给田丰安了个妖言惑众的罪名，将其处死了。

让我们设想一下，如果这件事情能够重来，袁绍能够承认田丰的远见，能够重用田丰的才能布局作战，那么历史很有可能重演。作为一名领导要有开阔的心胸，要有容人之量，谦虚谨慎，切不可自作聪明，刚愎自用。作为一名领导，责任自然比下属大得多，你的每一个决定都可能会影响整个团队、整个公司的未来。

所以，领导再有能力，也有想不到的时候，也会有漏洞。这个时候，就需要有能人帮助你。遇见比你有本事、有才能的人，是你的福气和运气，能够善于利用他们，那才是你的才气和大气。

嫉贤妒能是抑制和扼杀人才的一种腐朽、落后的畸形心理，是管理过程中的一颗毒瘤。作为一名领导者，要想把事业做大做强，就必须克服嫉贤妒能的心理，敢于、善于任用比自己强大的人，这样才能成为真正的巨人。

嫉妒心理，每个人都会有，但是作为一名领导者，却不应该嫉妒。领导，永远要比员工站在更高一层的台阶上，想的要比员工更长远。领导的工作不是和员工比赛谁的本事大，也不是一定要事必躬亲，而是去管理人。当一个领导能够跳出员工的圈子，站在更高的台阶上俯视员工时，你就不会再嫉妒某个员工的销售成绩居然比我当年好那么多，而是会开心他为公司创造了这么大的效益。当你明白自己的工作是为了公司的发展的时候，你就会开心公司里有比你强大的员工，你就会去重用这些人，因为你明白了自己的角色定位，你是领导管理者，而员工，即便能力比你再强，他也是被管理者。

承认别人比自己强，需要有谦虚的态度、豁达的心境，但是承认别人比自己强，并不是意味着你就是个失败者，如果你能够让这些比你还强大的人为你所用，那不是更强大的一种表现吗？

独木不成林，一棵树无论长得多么枝繁叶茂，也无法抵御一场暴风雨的侵袭。只有众多的树木团结在一起，你保护我，我保护你，才能够抵抗更大的风雨，才能成为一片茂密的森林。作为一个领导，即便你再有才能，一个人也不可能将财务、销售、行政等多个部门的事情都办好。因为一个人的能力是有限的，公司的长远发展需要的是团队的力量。真正聪明的领导者，或许并没有什么突出的才华，但是他却能够将那些拥有才华的、比自己强大许多的人聚拢到自己的身边，为己所用，让这些能人异士帮助自己成为真正强大的巨人。

领导力金言

领导再有能力，也有想不到的时候，也会有漏洞，要想把事业做大做强，就必须克服嫉贤妒能的心理，敢于、善于任用比自己强大的人。

人尽其才，才尽其用

人非圣贤，才无全才。有所长必有所短，有所明必有所蔽。用人才并不能局限于框框架架、勾勾画画，而应不拘一格。把品德、知识、能力和业绩作为衡量人才的主要标准，不唯学历，不唯职称，不唯资历，不唯身份。

索尼公司的创始人盛田昭夫写过一本书——《让学历见鬼去吧》，主要是总结自己多年的管理经验。他在这本中曾讲道："我想把索尼公司所有的人事档案烧毁，以便在公司里杜绝在学历上的任何歧视。"不久之后，他就真的将这句话付诸实施了，此举使一大批人才脱颖而出。

索尼公司有这样的宗旨：信奉唯才是用，而不是唯文凭是论。尤其是对科技和管理人员的考核使用，主要是看他们的实际才能怎么样，而不是仅仅注重其学历。公司录用人员不管什么工种，无论职务高低，都要进行严格的考试。分配工作或提升职位时，主要依据是他考试成绩的好坏和在实践中所表现出来的能力。索尼公司能够做到这一点，在当今这个高度重视文凭的时代，的确是难能可贵的。

而恰恰因为索尼公司能够抛开文凭标准，坚持不拘一格地选拔人才，才使索尼公司逐步形成了一支庞大的科技和管理人员队伍。在索尼公司发展到了 1.7 万名雇员的时候，科技人员就达到了 3500 多人，占到职工总数的 22%；管理人员则有 1000 多人，约占 6%。在科技人员当中，科研人员、设计人员、制造技术人员各占 1/3，从而实现了人才结构的大体平衡。在总公司设有中央研究所和技术研究所的情况下，研究人员不仅负责开发研制新的产品，还要在理论上加以探讨和研究。索尼公司全力在科学技术上进行投资，每年的研究金额占到总销售额的 7%，而许多公司只占 3% ~ 5%。这也难怪索尼公司能够在新产品上遥遥领先了。

此外，索尼公司还特别重视选拔具有高度创新精神的经理。在选拔高级管理人员这个问题上，盛田昭夫有自己的独特方法。他们从不雇用仅仅胜任某一个职位的人，而是乐于起用那些有不同的经历，喜欢标新立异的闯将。有一次，索尼公司聘用了一名高级职员，完全是因为这个人刚刚出版了一本英文诗集。索尼公司也从来不把能人固定在一个岗位上干到老，而是坚持人才的合理流动，为他们能够最大限度地发挥个人的聪明才智提供机会。正是在这样的一种人才管理制度之下，索尼公司的员工都特别乐于承担富有挑战性的工作，从积极进取到奋勇争先，整个企业始终充满了生机和活力。

“让学历见鬼去吧！”索尼公司的成功实践已证明了盛田昭夫的这句话。当然了，我们说不能只凭学历取人，并非完全否认学历的重要性，盛田昭夫所强调的也是要以能任人，凭才任人，而不要局限于他的学历。

的确，学历只是证明能力的一种工具，它所包括的内容也不全面。学历既不是能力的充分条件也不是能力的必要条件，而只是一个相关条件，相关度如何对每个人来说都是不一样的。老板必须综合运用背景分析、经验判断、面试考核等多种手段来对人才的能力、品质、性情、学识等诸多方面做出全面而深刻的评价。

很多老板长期以来在人才选拔、任用问题上总是或多或少地存在一种偏见：高学历作为人才选拔的前提，资历深作为人才选拔的砝码，年龄大作为衡量人才的标尺……这些观念在很大程度上限制了人才的发展。学历、资历、年龄固然重要，但并不是衡量人才的唯一标准。所以，优秀的老板选人用人，要解放思想，唯才是举，真正做到人尽其才，才尽其用，不拘一格选人才，排除干扰用人才。

（1）要从多角度去评价一个人

人是一个多面体，内心世界非常复杂，而很多人往往只能看到某一个方面，不会用立体的、透视的，多方位、多角度地去判断评价一个人。企业的管理者对可疑之人的理解也是有偏颇的，到底对他们了解多少，可疑程度如何，判断是不是准确，有时候甚至连自己也没有十足的把握。因此，对于每一个员工，不要仅凭一两次就下定论，在没有把握的情况下就不要轻易下结论。

（2）对一个人的判断要兼容并蓄

俗话说，当局者迷，旁观者清，企业经营者在用人前，要多听听周围人的意见。当多数人对一个人的判断一致时，评价也就会精确很多。如果大多数人和自己的判断有出入时，就要多问几个为什么。在这种情况下，不妨再观察观察，再考验考验，再下结论。

（3）对人的看法不能一成不变

事物都在变化中，人也在不断变化。阅历短，经验少，知识有局限性，一时事情没有干好，或者犯了错误，有了过失，就要宽宏大量，允许人犯错误并给人留下改正错误的机会，不要抓住一点不放。此外，社会是一个大染缸，有的人在向好的方向发展，也有的人在向坏的方面变化，不能放松警惕。

（4）坚决破除“有学历的是人才，没有文凭自学成才的就不是人才”的观念

破除“有职称的是人才，有一技之长而没有职称的就不是人才”的观念；破除“有工作经验的是人才，没有工作经验或工作经验尚浅的就不是人才”的观念；破除“在城镇生活工作的是人才，生活工作在农村的就不是人才”的观念。随着经济社会的飞速发展，世界的政治、经济格局也日益发生变化，对人才的需求逐渐呈现出高智能、多元化趋势。因此，人才的选用标准也需要多元化，老板必须打破传统的人才观念。

以色列著名企业家凯奇说过一番颇为中肯的话：“短短几年大学教育和一次高考，绝不应该由此决定一个人的终身命运，企业必须任人唯贤，平等地为每个员工创造脱颖而出的机会，即使对那些根本没有进过学校大门的员工，也要让他们平等参与竞争，而不应在观念上有厚此薄彼的看法。”在实际工作之中，老板要用正确的眼光去发现人才，并真正做到发挥人才的作用。不要被学历遮住了选拔人才的视野，应该注重员工的实践能力。

领导力金言

有所长必有所短，有所明必有所蔽，优秀的老板选人用人，要解放思想，唯才是举，真正做到人尽其才，才尽其用，不拘一格选人才、排除干扰用人才。